# Saltando obstáculos, poniendo puentes

## ¡Educamos juntos!

Pedro Alarcón Gómez

# Saltando obstáculos, poniendo puentes
## ¡Educamos juntos!

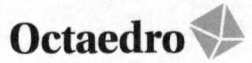

Colección Octaedro Educación

Título: *Saltando obstáculos, poniendo puentes. ¡Educamos juntos!*

Primera edición: noviembre de 2024

© del texto: Pedro Alarcón Gómez

© De esta edición:
Ediciones OCTAEDRO, S.L.
Bailén, 5 – 08010 Barcelona
Tel.: 93 246 40 02
octaedro@octaedro.com
www.octaedro.com

ISBN: 978-84-10054-92-9
Depósito legal: B 19554-2024

Corrección, diseño y producción: Xavier Torras, Clarissa Fekl
   y Joan Reig de Octaedro Editorial

Impresión: Ulzama

Impreso en España - *Printed in Spain*

# Sumario

A modo de introducción     9

Prólogo: La complejidad de la profesión de enseñar     11

    Neus Sanmartí

Capítulo 1. Cualidades del cerebro y aplicaciones
en la educación     17

Capítulo 2. La comunicación que conecta: ¿cómo
influye tu lenguaje en la educación?     41

Capítulo 3. Emociones, motivación y aprendizaje     71

Capítulo 4. La evaluación     97

Capítulo 5. Las pantallas     129

Nuestras fuentes de conocimiento principales: bibliografía     141

# A modo de introducción

Gracias por escoger este libro para ampliar tus saberes y conocimientos. Tu interés radica no solo en leerlo, sino también en mejorar tu práctica educativa diaria, que, a su vez, beneficiará a muchas de las personas que comparten contigo las situaciones educativas que se generan en la vida cotidiana.

El objetivo de la obra es acercarte de manera sencilla y práctica numerosas ideas, estrategias y técnicas que puedan hacer más fácil tu labor educativa, tanto en casa como en el colegio.

En cuanto a la extensión, vas a comprobar que la obra opta por ser breve y concreta, a fin de que sea todavía más práctica.

Con el objetivo de facilitar el ritmo lector del texto, considerando las nuevas características de las expresiones del lenguaje, madres y padres están incluidos en la palabra *educadores*. De igual modo, niños y niñas en la palabra *jóvenes*.

Teniendo en cuenta la neurociencia y sus valiosas e innovadoras contribuciones, pasando por la pedagogía y sus concreciones educativas, descubrirás aportaciones interesantes, que pretenden complementar la amplia formación que ya posees.

Tienes a tu disposición un correo electrónico para posibles sugerencias, preguntas o cualquier duda que pueda surgirte:
soyprofedeapoyo@gmail.com

Me gustaría aprovechar esta introducción para dar las gracias a David Bueno y a Neus Sanmartí por sus valiosas aportaciones, su tiempo y sus consejos para realizar esta obra. Y, además, agradezco a Octaedro, una de las mejores editoriales en el campo educativo, que hayan confiado en el valor que la obra puede tener para ti.

También a nuestra escuela Vedruna, donde tanto he aprendido y continúo aprendiendo y creciendo en lo profesional y lo personal, a nuestros estudiantes, que tanto me enseñan, y a quienes estáis siempre a mi lado, escuchándome, apoyándome, enseñándome y renovándome.

¡Gracias!

¿Aprendemos juntos?

# Prólogo

## La complejidad de la profesión de enseñar

Neus Sanmartí
*Abril, 2024*

Educar y promover un aprendizaje significativo de los niños y jóvenes es una tarea compleja que exige tener en cuenta muchas variables, y no es fácil concluir qué métodos, estrategias o acciones son las idóneas. No es lo mismo una clase el lunes a las 9 de la mañana que un viernes a última hora, y cada aprendiz y cada grupo clase son distintos. Este hecho es lo que hace que esta profesión sea interesante y nada rutinaria: ningún día es igual al anterior y obliga a estar aprendiendo y creando continuamente, ya que no es posible repetir siempre lo mismo si queremos lograr que *todos* (remarco *todos*) los niños y jóvenes aprendan. De ahí la idea del título de libro, *Saltando obstáculos, poniendo puentes*, porque los docentes hemos de aprender a dar respuesta a las numerosas dificultades-obstáculos que van surgiendo constantemente, así como a generar creativamente posibles caminos-puentes para superarlos.

Pero ¿cómo vamos aprendiendo los docentes? Una fuente de aprendizaje es, sin duda, la experiencia. Es el clásico aprendizaje de la prueba-error y, a partir de él, vamos decidiendo qué, de todo aquello que hacemos, realmente ayuda a nuestros alumnos a aprender, qué funciona con algún tipo de alumnos y qué no tanto con otros, cómo planificar y organizar las clases, cómo gestionar los conflictos que inevitablemente aparecerán, cómo empezar y terminar una clase, etc. Se parte de un conocimiento previo, que en muchos casos deriva de cómo los docentes aprendimos en nuestros años escolares cuando éramos alumnos, un conocimiento que está muy interiorizado y rutinizado, porque hemos pasado cerca de veinte años de nuestra vida practicándolo. En función de este saber que hemos ido construyendo, muchas veces atribuimos el obstáculo más a características de los aprendices que a la manera como ejercemos la docencia, por lo cual no siempre nos autorregulamos, es decir, no siempre generamos puentes. Que aprendamos a partir del obstáculo depende, en buena medida, de características personales; entre otras, si se es una persona autocrítica, empática en relación con las necesidades de *todos* los aprendices, capaz de gestionar positivamente las emociones que conlleva una mala experiencia, abierta a nuevas ideas e interesada por saber más y, además, algo aventurera para lanzarse a probar algo nuevo.

A menudo podemos creer que solo la experiencia enseña, y que no son útiles las ciencias que explican parte de los porqués de las dificultades del alumnado, como tampoco las propuestas para afrontarlas que son distintas de las aprendidas y aplicadas en nuestras clases. Pero, en cambio, todos los docentes sabemos que aprender no es solo practicar y que es necesario el conocimiento para que dicha práctica sea significativa. Una idea que argumenta Perrenoud (2007) es que enseñar es una profesión y no solo un trabajo. Además, señala que:

La actividad de un profesional reúne las competencias del creador y las del ejecutor [...]. No tiene un conocimiento previo de la solución a los problemas que emergerán de su práctica habitual y cada vez que aparece uno tiene que elaborar esta solución sobre la marcha, a veces bajo presión y sin disponer de todos los datos para tomar una decisión sensata. Pero todo ello sería imposible sin un saber amplio, saber académico, saber especializado y saber experto.*

Una profesión como la nuestra está muy condicionada por los cambios sociales y tecnológicos, tan continuos y rápidos: cambia la composición social del alumnado, su lengua y la cultura familiar, el conjunto de saberes que la sociedad demanda aprender en la escuela, la tecnología que media en el aprendizaje (basta pensar en la rapidez con que la inteligencia artificial ha entrado en las aulas o en el uso de los móviles), etc. Por ello, no es posible pensar que solo a partir de la experiencia podemos responder a los nuevos retos, dado que, cuando a través de la estrategia de la prueba-error empezamos a saber qué hacer, ya ha cambiado el contexto y han emergido nuevos problemas-obstáculos.

¿Por qué estas reflexiones en el prólogo de este libro? Porque, precisamente, recoge e interrelaciona un saber académico y especializado con un saber práctico en relación con algunos de los retos que hemos de encarar los docentes y los educadores en la actualidad. Los diferentes capítulos parten, justamente, de reflexiones sobre nuestro punto de partida, esto es, sobre algunas de las ideas previas en torno al tema y a las prácticas habituales. Más adelante, se habla de nuevos saberes que se han generado desde diferentes campos del conocimiento profesional (neurociencia, psicología, pedagogía, didáctica, etc.), argumentando su interés con la finalidad de facilitar mejores aprendizajes en los niños y jóvenes y, además, se ejemplifican prácticas concretas que se pueden promover para dar respuesta al reto, ya sea en el contexto

---

* Perrenoud, Ph. (2007). *Desarrollar la práctica reflexiva en el oficio de enseñar. Profesionalización y razón pedagógica*. Barcelona: Graó.

escolar, de tiempo libre o familiar, fundamentadas en el conjunto de saberes que se ha argumentado.

Aparentemente, los temas tratados en el libro son muy diversos, pero recomiendo su lectura desde tres ideas transversales que considero muy sugerentes: la importancia del vínculo, de las preguntas y de estimular la reflexión metacognitiva.

En el libro se remarca en diferentes apartados la necesidad de establecer *vínculos* entre educadores, docentes y aprendices. Todos los docentes hemos experimentado que en un mismo centro hay clases que valoramos que funcionan, en las cuales se aprende y donde todos nos sentimos bien, y que en otras no se observa esta sintonía. Y, para explicar la diferencia, constatamos que, en unas, las relaciones entre *todos* los protagonistas parten de un reconocimiento de los demás, de valorar el hecho de aprender juntos y de compartir ideas, experiencias y emociones, mientras que en las otras la convivencia no se da. Podemos pensar que es algo debido al azar, pero este azar se puede cambiar poniendo en práctica estrategias diversas desde los primeros compases del curso y de cada clase, además de cultivar la parte de nuestro «arte» profesional. Esto dependerá de cómo tenemos en cuenta la forma de mirarnos, de vernos y de hablarnos todos los componentes del grupo. En el libro se recogen muchas propuestas para lograr establecer vínculos productivos, con el fin de que los aprendices perciban que aprendemos juntos, partiendo de lo que hacen y dicen, y de que conectamos con sus intereses y sus necesidades. En el establecimiento de vínculos potentes es clave qué y cómo nos preguntamos, y qué y cómo preguntamos.

Este es el segundo eje del libro: las *preguntas*. Cuando se preguntó a un premio Nobel de Física, Isidor Rabí, sobre la razón por la que había llegado a ser una persona tan sabia, dijo que, al contrario de muchas madres, que, cuando recogían a los hijos en la escuela, preguntaban por sus notas o por lo que habían aprendido ese día, la suya le decía: «¿Qué nueva buena pregunta te has planteado hoy?». Los educadores hemos de ser conscientes de que hacer buenas preguntas no es algo innato ni fácil. Cuando empecé a dar clases, muy pronto percibí su importancia, por lo que, cuando las preparaba, pensaba y anotaba algunas que me parecían potentes, porque en el aula no siempre se generaban de forma espontánea. A veces también sucede que estamos ante un alumno que siempre está preguntando, y los docentes valoramos que entorpece la clase porque sus preguntas se apartan de la línea del discurso que hemos planificado. Pero, para aprender, es necesario interrogarse y los niños aprenden a plantearse buenas preguntas especialmente por imitación de las que planteamos las personas adultas. El reto es que no se centren en curiosidades que se satisfacen rápidamente (*qué es*, *cómo se llama*, *cuál es el más grande...*), sino en aquellas que promueven el interés por saber más y profundizar (*cómo es que...*, *de qué depende que...*). Son especialmente clave preguntas, de las cuales en el libro hallaremos muchos ejemplos, que incitan a analizar cómo hemos llegado a pensar, a hacer y a saber lo que sabemos, es decir, preguntas que estimulan una reflexión metacognitiva. Y este es el tercer eje que atraviesa todo el libro: la necesidad de dedicar tiempo a la *reflexión*, a promoverla, a pensar sobre lo que se piensa, cómo se piensa y cómo se ha llegado a pensar lo que se piensa. Esta reflexión, tal como señala el psicólogo Hebert Hermans, es fruto de lo que sucede a nuestro alrededor y de las relaciones que tejemos. En el aula se precisan espacios de reflexión para poder hablar con uno mismo, pero este diálogo interior está condicionado por todo lo que nos rodea, por cómo hablamos con los demás, cómo los percibimos y cómo valoramos las diferentes ideas y maneras de hacer, comunicar y sentir. En este eje es esencial la evaluación, porque, cuando reflexionamos dialógicamente, individualmente y en función de nuestro entorno, estamos autoevaluándonos para tomar decisiones. No solemos ser conscientes de todo lo que envuelve esta toma de decisiones y, por eso, tal como se plantea en el libro, los educadores hemos de ayudar a nuestros alumnos a pensar por sí mismos acerca de cómo van decidiendo, si se sienten capacitados y les gusta aprender distintos tipos de conocimientos, con qué estrategias aprenderlos, para qué aprenderlos, cómo gestionar el error, etc. Sin olvidar que los ayudamos cuando somos transparentes y pueden reconocer cómo nosotros, docentes y educadores, reflexionamos cognitivamente, cómo gestionamos los errores y, en general, cómo no dejamos de aprender constantemente. Es posible que pensemos que todo esto es perder el tiempo, pero, a menos que se desarrolle esta capacidad de reflexión, será difícil que el aprendizaje sea significativo y que posibilite continuar aprendiendo.

Después de leer el libro y de pensar en nuestra clase de mañana, en la que nos propondremos que *todos* nuestros alumnos aprendan un conocimiento específico de lengua, matemáticas, ciencias, educación física u otros, nos podemos preguntar en qué medida también es nuestra tarea promover que establezcan vínculos potentes, que se planteen buenas preguntas y que reflexionen metacognitivamente. El saber requiere de estas condiciones y estas, al mismo tiempo, no se pueden desarrollar si no se cultivan cuando se aprenden saberes específicos. Por eso hablábamos al principio de la complejidad de la profesión de enseñar y, al mismo tiempo, del hecho de que sea una actividad tan poco rutinaria y enriquecedora.

# Capítulo 1

## Cualidades del cerebro y aplicaciones en la educación

### ¿Conoces tu cerebro?

El cerebro está formado por neuronas, las cuales están conectadas entre sí en red. De esta manera, cuando aprendemos algo nuevo, el nuevo aprendizaje conecta con lo que ya sabemos. En consecuencia, cuantas más conexiones provoquemos y mejores sean, más sólido y duradero será el aprendizaje. Sobre cómo hacerlo hablaremos más adelante.

Las ideas son propuestas neuronales. El cerebro siempre está generando propuestas neuronales, lanzando ideas, y quien decide con qué idea quedarse eres tú. Según la idea con la que te quedes, así te hará sentir. Veamos un ejemplo: como puedes imaginar, el trabajo y el esfuerzo que hay detrás de un atleta que llega a los juegos olímpicos son inmensos. Se ha comprobado que, en unos juegos olímpicos, los atletas que han conseguido la medalla de bronce están significativamente más contentos que aquellos que habían ganado la de plata. Y te preguntarás: ¿a qué se debe?, pues lo normal y razonable sería pensar que obtener una plata te haga sentir mejor que ganar un bronce. La respuesta está en que, mientras que los que habían llegado en segunda posición pensaban algo así como: «Podía haber sido primero, qué poco me faltó para alcanzar el oro», los que habían llegado en tercera posición pensaban algo así como «Por poco me quedo sin pódium». Como ves, es decisivo lo que piensas. La influencia de lo que piensas es decisiva en la forma cómo vives tu experiencia, tu momento. Esto nos viene a enseñar que lo importante no es pensar sobre lo que vives: lo importante es vivirlo.

A lo largo de su carrera como estudiantes, son muchas las carreras en las que participan. Tenemos que saber cómo interpretan sus resultados, cómo gestionan sus errores y sus victorias, para que sepan no frustrarse demasiado cuando no suben al pódium o cuando el resultado obtenido no se corresponde con el esfuerzo invertido, y para que sepan disfrutar más y mejor de sus medallas, sea cual sea el color conseguido. Lo importante es no abandonar la carrera, llegar a meta y preparar la carrera siguiente.

El cerebro siempre tiene alguna idea.

¿Qué es una idea?

Detente un momento e intenta que tu cerebro no te lance alguna idea. Seguro que lo has intentado algunas veces, y te ha resultado difícil. Lo es.

Igual que el estómago tiene hambre o que el corazón está latiendo, la labor del cerebro es producir ideas, pensar. Por eso, ves lo difícil que es que a tu cerebro no le lleguen ideas. Estas ideas que propone el cerebro surgen, sobre todo, a partir de tu experiencia pasada y de tus objetivos o perspectivas futuros. La clave para entender esto es que te des cuenta de que lo que piensa tu cerebro es solo una posibilidad. Es decir, ante cualquier situación, tu cerebro genera ideas relacionadas con tu experiencia anterior con esa situación o con una situación parecida. Lo mismo sucede cuando ves a las personas, que te generan ideas sobre la base de tu experiencia pasada con ellas o de tus perspectivas futuras.

Las ideas las generas tú. Por ello, ante una misma situación o ante las mismas personas, las ideas que se generan en quienes las ven pueden ser muy diferentes. Imagina que vas por la calle con algunas amigas y veis un perro. Una puede decir: «Qué bonito, voy a acariciarlo»; otra puede decir: «Quita, no lo toco, que me da alergia el pelo»; otra diría: «Es igual que el que voy a comprarme...». Y, así, un mismo estímulo, que es el perro, puede dar lugar a una gran variedad de ideas distintas.

Tu experiencia personal y tus objetivos marcan en gran medida lo que piensas. El cerebro crea una idea y eres tú quien la valora en un sentido o en otro. Si a esa idea que genera tu cerebro le prestas atención sostenida, tu cerebro interpreta que esa idea es relevante, que es útil y, entonces, aumenta la posibilidad de que la proponga de nuevo en situaciones similares o con personas concretas. Si enseguida piensas en otra idea, esa idea no adquiere importancia y tu cerebro no la considera útil, por lo cual será menos probable que la proponga en situaciones parecidas.

Así pues, el cerebro genera ideas de manera continua. Son propuestas que puedes decidir si las aprovechas o no. Para ello, cuentas con la atención. Puedes preguntarte: «Esta idea para esta situación, ¿es útil o no? Y con esta pregunta ya le estás indicando a tu cerebro algo importante: que eres tú quien controla las propuestas.

La atención sostenida sobre una idea la convierte en útil y le confiere más posibilidades de que se repita. Si quieres que una idea no te agobie, no te incomode, no te condicione, no te altere el carácter en una situación concreta o que, por lo menos, lo haga lo menos posible, no le prestes atención sostenida ni intentes cambiarla, porque, si intentas cambiarla, ya le estás prestando atención. Simplemente, déjala pasar, puedes centrarte en otra idea.

Si enseñas al cerebro a proponerte ideas positivas, lo hará con más frecuencia.

## En línea educativa

La idea que generas sobre otra persona condiciona tu relación y tus encuentros con ella. Cuando las ideas son negativas, es fácil que tu relación, tus encuentros, sean poco productivos. ¿Cómo es la relación que tenéis en tu casa? ¿Cómo son la mayoría de los encuentros que tenéis, qué emociones e ideas generan? ¿Cómo influye tu comportamiento en los demás? ¿Los condicionas mucho o poco? ¿Cómo te influye el comportamiento de los demás a ti? ¿Te condiciona mucho o poco? ¿Qué aspectos podéis mejorar? En el colegio, ¿cómo viven tus estudiantes la relación con tus clases, el ambiente de clase, la relación con sus compañeros? ¿Cómo piensan que les influye tu área en concreto, cuál es su experiencia con esa área y cómo les influye lo que piensan en su motivación por aprender? Estas y otras preguntas son quizás una de las bases sobre las que sustentar su aprendizaje, su rendimiento, su bienestar. ¿Se las formulamos? Si las ideas que generas con alguno de los estudiantes de la clase son, en algún sentido, poco positivas, es muy probable que se dé cuenta y que se desarrolle una relación distante, lo cual dificulta en gran medida su aprendizaje y la consecución de resultados óptimos. Por tanto, somos los docentes y educadores quienes tenemos que poner atención sostenida en sus cualidades, logros, potencialidades y valores. A veces, los jóvenes y los estudiantes quizás ni sepan que los tienen, pero es una tarea esencial descubrírselos.

Es importante corregir errores, y lo es aún más enfocarnos en los valores.

Un dato importante es que el 85 % del tiempo lo que sientes es lo que piensas. Teniendo en cuenta la enorme influencia de las ideas, intentar generar ideas positivas es lo más sensato para estar mejor con uno mismo y con los demás.

Como decíamos, el cerebro está formado por millones de neuronas y entre ellas hay billones de conexiones.

¿Con qué ritmo hablan tus neuronas?

Las neuronas del cerebro se comunican entre ellas. La manera de comunicarse es a través de descargas eléctricas, las cuales se realizan con ritmos. Los ritmos son distintos y, según sea el ritmo, lo que se comunican entre ellas es diferente. Así, estos ritmos son variados; por ejemplo, 1 descarga eléctrica por segundo, 4 descargas por segundo, 8, 10 y hasta 50 descargas eléctricas por segundo, etc. Uno de los ritmos más importantes del cerebro es el ritmo alfa, unas 8 descargas eléctricas por segundo. Está demostrado que el ritmo alfa es muy importante para poder mantener la atención, dado que genera unas ondas que actúan como si fuesen señales de *stop* hacia las distracciones que puedas tener mientras quieres concentrarte en una tarea.

Imagina ahora mismo que estás leyendo este texto, estás poniendo atención en ello; entonces, tu cerebro está llenándose de ondas alfa. Estas ondas lo que hacen es frenar las distracciones que el propio cerebro genera y que son ideas que te distraerían de tu objetivo: tengo que comprar leche, qué cenamos hoy, qué bien estuvo la clase de esta mañana… Todas estas distracciones vienen del interior y suelen ser más que las distracciones que vienen del exterior. Las inhibidoras de estas distracciones internas son, pues, las ondas alfa. Mientras prestas atención, tu cerebro se llena de estas ondas, que impiden que te distraigas y te permiten una mejor concentración. Cuántas más ondas alfa, mejor atiendes, lo cual, a su vez, favorece un mejor resultado.

Las ondas alfa permiten, en consecuencia, que tengamos un mejor control de la atención, lo que siempre favorecerá el desarrollo óptimo de la tarea que estemos llevando a cabo. Cuantas más ondas alfa, mejor atención. La pregunta es: ¿pueden generarse estas ondas alfa? Sí, cuando empiezas a meditar, se incrementan las ondas alfa. A medida que prolongas tus momentos de meditación en el tiempo, estas consiguiendo que tus ondas alfa aumenten y, por consiguiente, el control que tienes sobre tu atención es mayor y mejor. Y, algo curioso, cuando ya logras tomar el control sobre tu atención, las ondas alfa se retiran, pues su tarea ya no hace falta, dado que no llegan distracciones a las que haya que frenar.

## En línea educativa

La atención es muy importante, qué duda cabe. Ahora las pantallas ayudan muy poco a fijarla, quizás al contrario, con tanto estímulo, la atención se dispersa con facilidad. Para contrarrestar la influencia de las pantallas, tenemos la meditación. Pero no se trata de que dediquemos grandes espacios de tiempo a meditar. Empieza con espacios cortos, elige un lugar de tu casa adecuado, un momento apropiado, y empieza, invitando a los demás a compartir esa experiencia. Comentad de vez en cuando los resultados que vais notando en vosotros. Para empezar, escoge de internet una forma de meditar que te resulte más cómoda y te guíe mejor en tu comienzo. Hay muchos libros y vídeos a tu disposición. Puedes empezar con Nazaret Castellanos, te gustará y aprenderás mucho de ella.

En el colegio, para empezar, quizá puede ser suficiente con que intentes que tus estudiantes mantengan la atención en algo concreto (por ejemplo, la respiración) durante unos segundos al inicio de la clase, al comenzar todas las clases del día, favoreciendo la formación de ondas alfa, puede ser de gran valor para estimular el aprendizaje de tus estudiantes.

> Meditar es una actividad importante que contribuye mucho a la salud cerebral y corporal. Sus resultados y beneficios están comprobados. Ahora somos nosotros los que hemos de decidir si aprovechamos estos beneficios practicando y dedicando tiempo a meditar.

## El lenguaje interior

Tal vez la persona con quien más hables sea contigo misma. ¿Te has parado a pensar qué es lo que te dices y cómo te lo dices? Lo que te dices es tu lenguaje interior e influye enormemente en tu estado de ánimo, motivación y bienestar.

El lenguaje puede desmotivar o motivar, puede herir o curar. El lenguaje tiene muchas posibilidades.

Es habitual que las personas nos hablemos con exigencia y cierta dureza, queriendo ser las mejores en cualquier aspecto. Cuando la persona tiene una conducta en la que, ante un problema, error o dificultad, lo que destaca más en su lenguaje interior es regañarse, culparse o exigirse, esto se refleja en algunas partes del cerebro que están en cierta medida asociadas a la generación de estrés o ansiedad. Cuando, al contrario, ante los errores, problemas o dificultades, se es amable, respetuoso, compasivo con uno mismo, procurando ser mejor y con ganas de alcanzar el objetivo propuesto, la zona del cerebro que se activa es, en concreto, la corteza orbitofrontal, relacionada con el optimismo y el bienestar. Ser amable contigo mismo te hace estar mejor y, además, te ayuda a estar mejor con los demás.

El lenguaje interior marca una gran diferencia. Háblate en positivo.

### En línea educativa

El lenguaje interior para los jóvenes y los estudiantes tiene mucha importancia, pues influye de manera directa en su rendimiento y motivación. Lo que se dicen a sí mismos sobre cómo aprenden, cómo ven sus posibilidades, cómo desarrollan sus capacidades y el modo de gestionar sus emociones hace que se pongan barreras o que se creen puentes en su rendimiento académico y su desarrollo personal. Este lenguaje está relacionado con la mentalidad fija o la mentalidad de crecimiento, que tanta influencia tiene en la motivación y el rendimiento académico. También está asociado a la metacognición. De estos aspectos, y de algunos más con un peso especial en el aprendizaje, así como sobre cómo potenciarlos, hablaremos más adelante.

De momento, conviene quedarse con la idea de que es fundamental preguntar a los jóvenes y estudiantes cómo aprenden, qué se dicen a sí mismos al realizar las distintas actividades, qué piensan de sus capacidades y cualidades…, para guiar y desarrollar estrategias, corregir errores o potenciar aciertos. Es probable que una gran mayoría no valoren la influencia de este lenguaje, quizás en numerosas ocasiones ni siquiera se den cuenta de que lo tienen. Los educadores son quienes tienen que hacerles ver que es importante y trabajar con ellos este aspecto tan decisivo en su desarrollo. Cuando hablemos de la motivación, desarrollaremos más este tema.

Dime cómo te hablas y te diré cómo eres, incluso quizás hasta dónde puedes llegar.

# Facultades propias del cerebro

El cerebro posee muchas cualidades, algunas de las cuales son esenciales en el ámbito educativo, pues tienen influencia en muchos aspectos del desarrollo cognitivo y rendimiento académico de los estudiantes. El cerebro es:

■ *Predictivo*: le gusta predecir lo que va a pasar, controlar las situaciones. Este rasgo tiene que ver con la supervivencia. El cerebro trabaja para garantizarla. Por eso, al cerebro le gusta estar informado. La información es algo que el cerebro usa para controlar, en la medida de lo posible, el entorno, las circunstancias, y así conseguir más seguridad, un aspecto que valora mucho para poder aprender. De hecho, en un entorno poco seguro, en un ambiente poco tranquilo, obtener un aprendizaje óptimo no es sencillo. En las clases en las que los estudiantes se sienten cómodos, acogidos, donde se crea un vínculo que transmite calidez en el ambiente, el aprendizaje y la consecución de objetivos es más fácil. Al cerebro le gusta anticipar, aprende con más facilidad si sabe que un aprendizaje puede servirle.

### En línea educativa

Tenemos que aprovechar esta cualidad del cerebro, intentando que lo que enseñamos vaya precedido de un porqué y de un para qué. Cuando a los jóvenes y estudiantes les hacemos ver el porqué y el para qué de aquello que van a aprender, estamos motivándolos para que aprendan antes ya de que empiecen a aprender con determinados aprendizajes. No es fácil contestar a estas dos preguntas, pero en los que sí consideremos que lo es, es interesante hacerlo, puesto que está comprobado que

El cerebro está haciendo predicciones de manera constante sobre lo que haces y dices, como también sobre lo que hacen y dicen los demás. Siempre se está preguntando sobre los motivos y las consecuencias. Se ha de tener en cuenta que, cualquier predicción que hace el cerebro, el 90 % la hace desde la experiencia pasada que ya tiene y que solo 10 % responde a lo que ve en ese momento concreto. Intentaremos explicarlo con algo tan sencillo como ver un color. Imagina que ves un color. Cuando entra un color en tu retina, llega a una parte del cerebro, el tálamo; el 10 % de la información de dicho color llega a tu corteza visual y el 90 % de la información la interpretas según tu experiencia pasada con ese color, en función de tus aprendizajes. Por eso, un mismo color, como pasaría con una misma canción, produce sensaciones y reacciones distintas en las personas. La experiencia influye mucho más de lo que parece, de tal modo que las reacciones y las sensaciones provocarán respuestas distintas. Los docentes y educadores hemos de tener muy en cuenta que muchas respuestas y reacciones de los estudiantes están condicionadas por su experiencia pasada, lo cual nos facilitará mucho su comprensión y apoyo.

### En línea educativa

¿Qué 90 % de ti ven los demás, en tu casa o en tu clase? Un 90 % formado por enfados, regaños, desconfianzas, encuentros poco agradables, reproches, pocas valoraciones… o, por el contrario, es un 90 % formado por apoyo, elogios, encuentros agradables, confianza, aprobaciones. Según sea el 90 % que transmitas,

■ *Evaluador*: es una cualidad estrechamente vinculada a la anterior. El cerebro evalúa de manera constante las amenazas y las oportunidades. Las primeras, para evitarlas o ponerle solución y las segundas, para aprovecharlas y motivarse con ellas. Esta evaluación la lleva a cabo de manera intuitiva, no hace falta mandarle que la haga. Evalúa posturas, gestos, acciones, palabras, tonos de voz, situaciones, reacciones, emociones... Todo el tiempo está escaneando el ambiente exterior y fijándose en estímulos que le informen sobre cómo es la relación de la persona con su entorno y cómo es su integración en él.

### En línea educativa

Es evidente que un entorno tranquilo, relajado, donde hay confianza y puedes equivocarte sin que ello genere problemas, un entorno donde puedes mostrar tu opinión, porque se valora y se tiene en consideración, donde las emociones cuentan y la sensación de apoyo y cercanía te hace estar relajado, favorece mucho el aprendizaje, el trabajo y el rendimiento de jóvenes y estudiantes. ¿Qué entorno hay en tu casa o en tu clase? ¿Qué estamos generando con más facilidad: amenazas (a través de regaños, críticas, exámenes, trabajos, notas, gritos, castigos, enfados, competitividad, etc.) u oportunidades (respeto, confianza, vínculo, abrazos, valoraciones, elogios, comprensión, diálogo, escucha, empatía, trabajo cooperativo, equidad, evaluación formativa y formadora, cercanía...)?

■ *Reconstructivo*: cuando aprendes algo nuevo, lo representas en tu mente. Una parte de lo que aprendes ya lo tenías en la memoria y activas esa parte de la memoria que lo contiene, y entonces creas conexiones entre lo que aprendes nuevo y lo que sabes, es decir, tus conocimientos previos. De este modo, para recuperar ese aprendizaje, lo que hará el cerebro será reconstruir a partir de lo nuevo y en relación con lo anterior. Así pues, el cerebro es reconstructivo. Aprender es levantar puentes entre lo que ya sabemos y lo que vamos a aprender, o construir nuevos caminos entre lo que ya sabemos para crear nuevas ideas y conceptos que guardaremos en la memoria.

## En línea educativa

Los caminos o puentes que construimos cuando aprendemos no son todos iguales. Al principio son frágiles y, por ello, tenemos que hacerlos más sólidos y duraderos. De las actividades que potencian un aprendizaje sólido y duradero hablaremos más adelante, cuando abordemos el aprendizaje.

■ *Asociador*: el cerebro aprende con facilidad asociando. Asociar es una habilidad que al cerebro le permite aprender y memorizar con mayor facilidad, pues las conexiones entre aprendizajes interrelacionados son más fáciles de recordar. Haz una prueba. Durante 10 segundos di todos los nombres de ciudades que puedas y cuéntalos. ¿Lo has hecho? Ahora intenta decir todas las palabras que puedas durante el mismo tiempo, pero, esta vez, sin ninguna relación, solo teniendo en cuenta que no puedes decir palabras de objetos que estés viendo o que entre ellas tengan relación, pues, si es así, no cuentan (si dices *perro*, no puedes decir *collar*, *ladrar* etc.). Pruébalo. ¿Qué has notado? La facilidad con la que tu cerebro dice palabras que están relacionadas es evidente, pero, cuando puede decir todas las palabras que quiera sin que estén asociadas, tiene más dificultad y siempre intenta asociar.

Practica ahora esta actividad:

Lee estas palabras y cuenta el número de vocales que contienen. El tiempo de que dispones es de 20 segundos. Para que compruebes bien lo que ocurre, no te pases del tiempo.

| | | | | |
|---|---|---|---|---|
| pelota | tortilla | mercado | pulsera | botella |
| zapato | cuaderno | pincel | secadora | alfombra |

Sin mirar las palabras anteriores, intenta recordar cuantas puedas.

Ahora mira estas palabras e intenta acordarte del mayor número posible de ellas. Tiempo disponible: 20 segundos.

| | | | | |
|---|---|---|---|---|
| cuchara | árbol | notas | canción | restaurante |
| reloj | estuche | gorra | redondo | jirafa |

¿Qué has notado? En la primera lista recordaste menos palabras, pues no hiciste ningún esfuerzo por conectarlas, ya que solo tenías que contar vocales. En cambio, en la segunda hiciste el esfuerzo de conectar y aplicaste alguna estrategia que te ayudó a acordarte de más palabras. En eso consiste asociar para conectar mejor.

### En línea educativa

Aprendemos mejor asociando, creando conexiones, haciendo analogías, mirando parecidos, semejanzas o diferencias entre contenidos. Cuando enseñes, en vez de dar muchas respuestas, haz muchas preguntas, intenta que te den la respuesta antes de darla tú. Invertir tiempo en esto, y en actividades similares, es potenciar y consolidar aprendizajes. Más adelante lo veremos con más detalle.

El cerebro puede asociar emociones, que han podido generar algunas situaciones anteriores, con situaciones nuevas o contextos parecidos. En relación con la educación, esto implica algo fundamental: las situaciones de aprendizaje, los contextos educativos, los *feedbacks* que haya tenido la persona mientras ha tenido que aprender algo o desarrollar alguna actividad académica, sea en su casa o en su clase, van a marcar en gran medida la relación del estudiante con esa área concreta.

Las experiencias gratificantes, mientras está en clase o hace tareas de casa, los refuerzos y mensajes positivos que le puedan llegar por hacer bien su trabajo, por esforzarse, poner interés, etc., van a favorecer que jóvenes y estudiantes desarrollen una visión óptima, agradable y motivadora del área en cuestión y del trabajo en sí. Ello favorecerá que su rendimiento sea mejor. Está comprobado que, muchas veces, lo que le dice el docente o educador, cómo se lo dice, cómo intenta enseñarle, la manera de dirigirse hacia ellos, las situaciones y el ambiente de aprendizaje, hacen que jóvenes y estudiantes puedan experimentar rechazo o agrado por lo que están trabajando y generalizarlo a la propia área de trabajo. Ese rechazo o agrado luego puede mantenerse durante toda su escolarización, con lo que eso supone. Por consiguiente, y de manera especial en etapas educativas como infantil y primaria, los docentes y educadores debemos tener cuidado con lo que decimos, cómo lo decimos y las emociones que despiertan en nuestros estudiantes, en nuestras clases, actividades, espacios y situaciones de aprendizaje. La forma en la que el educador y docente habla de los errores, los gestos, los tonos de voz, etc., marcan en gran medida la diferencia, pudiendo generar miedo, inseguridad, rechazo, apatía... o confianza, seguridad, alegría y entusiasmo por el trabajo. Por eso, cuando un estudiante tiene dificultades en una área o está desmotivado, es conveniente preguntar y analizar la mochila de experiencias previa que han podido conformar esa desmotivación, a fin de intentar retomar y corregir, en la medida de lo posible, esas ideas e interpretaciones que el estudiante tiene, que forman parte de su lenguaje interior y que están dificultando el aprendizaje.

■ *Curioso*: en relación con la cualidad de la que ya hablamos, de que le gusta estar informado, el cerebro es curioso. Le gusta aprender. Si te has fijado, a los niños pequeños les gusta mucho aprender. Cualquier objeto es motivo de su atención. Enseguida aplican, sin saberlo, el método científico: observación, experimentación, conclusión. Pueden estar equivocados o no, pero observar y experimentar es algo habitual en ellos. Así también se aprende, y mucho, pues predicen, asocian, van reconstruyendo, interactúan... La curiosidad es esencial en el aprendizaje. ¿Cómo potenciarla?

## En línea educativa

Tenemos una manera sencilla y a la vez importante de hacer que la curiosidad se genere y desarrolle en los jóvenes y estudiantes a través de las preguntas. Las preguntas suscitan curiosidad, y la curiosidad es fuente de motivación por aprender. Mucho más que las respuestas, las preguntas motivan, pero es más habitual que demos respuestas a que hagamos buenas preguntas. ¿Cómo empezamos la mayoría de las explicaciones, actividades o clases? Dando respuestas o haciendo preguntas. Muchas veces hasta puede que estemos dando respuestas a preguntas que ni hemos planteado, lo que implica que la curiosidad de los estudiantes por aprenderlo disminuya, lo cual ocasiona que el cerebro se distraiga con mayor facilidad, intentando dirigir su atención hacia algo que le resulte más atractivo, según sus intereses.

Las preguntas son, por tanto, esenciales, pues te hacen pensar, te motivan a hallar soluciones, que es algo que al cerebro le encanta. Es una gran estrategia hacer de manera constante preguntas motivadoras. Dedicaremos un tema a trabajar sobre las preguntas.

Igual que es importante que hagamos muchas preguntas, también lo es que nos hagamos preguntas a nosotros, como educadores y docentes, sobre nuestra práctica educativa, sobre cómo son nuestros momentos educativos en casa, nuestras clases, nuestros motivos, reacciones y respuestas, nuestras emociones, nuestros comportamientos... Eso nos hará conocernos más como educadores, docentes y como personas, con lo cual mejoraremos día a día. No se trata de pretender tener todas las respuestas, sino de aprender de quienes pueden enseñarnos: compañeros y compañeras, estudiantes, madres y padres, todos educadores con los mismos objetivos.

Cuando vas a desarrollar una situación de aprendizaje, ¿qué te preguntas?: «¿Qué voy a enseñar?» o: «¿Qué vamos a aprender?».

Es muy distinto lo que te puede sugerir cada opción. Compruébalo: es mucho más educativa y pedagógica la segunda opción.

Si siempre me das respuestas, entonces, ¿cómo puedo aprender a hacerme preguntas?

■ *Social*: es una cualidad esencial del cerebro.

¿Qué actividad piensas que da más trabajo al cerebro? Piensa un poco antes de seguir leyendo.

Supongo que entre las opciones que has propuesto, estaban: un problema matemático, una prueba difícil de física, etc. Quizá ni has imaginado la idea de estar en sociedad. Pues sí, estar en sociedad es una de las actividades que le exigen más trabajo al cerebro. Una de las actividades más atractivas para el cerebro es estar en sociedad. Convivir con los demás es la actividad por excelencia del cerebro. Cuando está en sociedad, el cerebro ha de hacer muchas cosas: atender la individualidad de la persona, qué puede aportar al grupo, cómo integrarse, qué gestos, tonos y palabras son adecuados, cómo interpretar los de los demás, qué emociones le surgen y, a su vez, atender al grupo en el que está, valorar qué aportan los componentes, qué quieren decir con sus gestos, tonos y palabras, qué emociones tienen, etc. Como ves, estamos ante un gran conjunto de actividades que coinciden en un mismo momento y respecto al cual el cerebro tiene que generar interpretar y dar respuestas.

Otra pregunta antes de continuar. Si estar en sociedad es tan importante para el cerebro, como está demostrado científicamente, ¿por qué motivo nos empeñamos en que la pantalla sustituya tantas veces las interacciones y las miradas?

El aprendizaje que nos generan los demás está muy influido por las *neuronas espejo*. Estas neuronas se activan de igual modo cuando haces algo y cuando ves cómo se hace. Imitan comportamientos y actitudes de los demás. Buscan la coherencia entre lo que haces y lo que esperan de ti. La influencia de las neuronas espejo en la educación es incuestionable. Los jóvenes y estudiantes perciben enseguida, a través de ellas, lo que te importa, te interesa, te motiva, tanto de lo que explicas como de ellos mismos.

Las neuronas espejo captan lo que estás enseñando sin darte cuenta, que es más importante en el plano educativo y emocional que lo que enseñas de manera intencionada.

Son neuronas que influyen mucho en el comportamiento y el estado emocional, dado que captan y recogen sensaciones, emociones, gestos, miradas... que después el cerebro interpreta y evalúa, extrayendo conclusiones que formarán parte del 90 % que da forma a tu experiencia y que influye tanto en el aprendizaje.

### En línea educativa

Las neuronas espejo son las que hacen que entres en una clase motivada o que, en ocasiones, por el comportamiento poco adecuado de los estudiantes, puedas desmotivarte. ¿Te ha pasado alguna vez? Son las que hacen que un estudiante ponga más interés en aprender, cuando ve a su profesor motivado con lo que explica y con cómo lo explica. ¿Te suena? Transmite mucho más interés y motivación al alumnado un docente motivado e ilusionado que una pantalla deslumbrante de luz, sonido y movimiento. La pantalla deslumbra, el docente ilumina.

Las neuronas espejo pueden contagiar emociones y sensaciones. Sabiendo esto, contágiate solamente de las que sean positivas. Y las que tú transmitas, esfuérzate tanto como puedas para que sean de ese estilo.

Educas más con una vez que actúes que con veinte que hables. Puedes decir a tus alumnos que las notas no son importantes, que no estudien solo pensando en la nota o en la prueba que sea, pero, si con tus acciones muestras lo contrario, con eso es con lo que se quedarán los jóvenes y estudiantes.

Las interacciones con los demás son fuente de aprendizaje y favorecen la motivación. El trabajo cooperativo es un gran activo del aprendizaje: a través de él los estudiantes cooperan para aprender y, a su vez, aprenden a cooperar.

El buen educador y docente sabe lo que dice y cuida lo que hace. Sabe dar las gracias cuando toca, además de pedir perdón cuando se equivoca.

## ¿Qué neurotransmisores activas?

Los neurotransmisores son componentes químicos que producen las neuronas y llevan información. Son protagonistas en las conexiones neuronales. Aprender es instintivo. Al cerebro le gusta aprender. Un aspecto que favorece el aprendizaje es generar dopamina en contextos educativos. La dopamina es un neurotransmisor, que, cuando se produce, transmite sensación de bienestar, placer, optimismo y motivación en el cerebro. Puede generarse por distintos motivos agradables: ir de compras, comer chocolate...

Un motivo interesante en educación es generar dopamina a través del elogio y la valoración que hace el docente al estudiante. La dopamina es motivadora. Cuando consigues generar dopamina en casa o en clase, consigues que jóvenes y estudiantes estén a gusto en ella, que se sientan bien y que su disposición para aprender y colaborar aumente. La respuesta que les das cuando hacen alguna actividad va a marcar de manera directa que esa actividad no se repita o que vuelva a repetirse.

El poder de las palabras es elevado y lo que el educador o docente dice o deja de decir influye en la motivación y expectativas de los estudiantes. El elogio, por tanto, es capaz de conseguir que en el cerebro se libere dopamina y que esto facilite el aprendizaje.

Un buen elogio tiene estas características importantes:

- Es rápido: cuando la acción lo merezca, valorarla enseguida es más efectivo.
- Es concreto: enfocado en la conducta o acción, no en el resultado o las características personales del estudiante. En vez de: «¡Qué listo eres, qué inteligente!», mejor: «¡Qué buen trabajo, veo que has estudiado, noto que te has esforzado!».
- Es afectivo y sincero: decirlo de verdad y con cariño. Los jóvenes y estudiantes lo perciben, no lo dudes.
- No se basa en comparar.
- No utiliza los *peros*: «Has trabajado mucho, pero te distraes demasiado». Poner un *pero* anula lo anterior y el elogio disminuye el potencial motivador.

Las tres partes en las que puede dividirse un elogio son:

1. Valorar primero y con más intensidad el esfuerzo y trabajo, y luego, al final, el resultado.
2. Dirigirlo al joven, al estudiante, diciendo palabras como: «Estarás satisfecho, has trabajado mucho y bien...».
3. Darlo desde el educador, el docente. Es importante que jóvenes y estudiantes noten el agrado del educador o docente por su trabajo con palabras como: «Estoy contento al comprobar cómo pones interés, estoy contenta de que trabajes así...».

Y, cuando hay que corregir, también hay que hacerlo. Es necesario que los jóvenes y estudiantes sepan que pueden equivocarse sin problema y sin temor a ser regañados o puestos en ridículo. Han de notar que el error es parte del aprendizaje y que hablar de los errores y corregirlos es una forma de aprender.

Es fundamental, entonces, corregir errores y elogiar los esfuerzos y los valores.

## El error desde un punto de vista neurocientífico

Son muchas las ideas que la neurociencia aporta al campo de la educación. Estas ideas, estudiadas y comprobadas, ayudan al docente en gran medida a desarrollar mejor su trabajo. Por consiguiente, educadores y docentes tenemos que agradecer a los neurocientíficos su dedicación, pues, sin duda, mejora nuestra actividad dentro del aula.

Una de las grandes ideas que comparten con los educadores y docentes es, en la actualidad, la relacionada con el error. Este ejemplo, te ayudará a comprenderlo mejor.

Observa esta construcción. Moviendo tres círculos, tienes que conseguir que el triángulo quede invertido. Por favor, sigue leyendo cuando hayas intentado hacerlo.

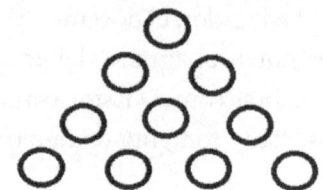

¿Qué ha pasado en tu cerebro? Has intentado resolverlo, probando un cierto número de veces. Has estado formulando hipótesis hasta conseguirlo. Al probar una vez y no conseguirlo, tu cerebro percibe una señal de error y esa señal funciona como estímulo para intentarlo de otra manera, y así hasta lograrlo. Tu cerebro muestra interés por conseguir la respuesta acertada y la señal de error ha provocado que quiera seguir probándolo. Eso sí, siempre que el error no sea algo frustrante para tu cerebro, y no le hayan enseñado, o repetido muchas veces, que no hay que equivocarse al hacer una tarea. La neurociencia lo explica con una teoría bastante reciente. En palabras de Stanislas Dehaene, neurocientífico francés, el aprendizaje se basa en el compromiso activo y en la corrección del error.

Al cometer errores, eres capaz de aprender. El cerebro aprende cuando recibe una señal de error. Cuando has hecho la actividad anterior, o cualquier otra, la mayoría de los mensajes que el cerebro transmite a diferentes áreas de este son señales de error.

Desde el exterior, el educador o docente puede ayudar a corregir el error, pero solo desde el interior el propio estudiante es el que corrige, cuando ve que se ha equivocado. Como bien dice Neus Sanmartí:

Solo corrige el que se equivoca [...]. El cerebro no es pasivo. No podemos aprender de forma pasiva. El cerebro aprende cuando proyecta una hipótesis, genera una idea, eso provoca una señal de error, que le va a permitir corregirse y volver a intentarlo.

No aprendes igual si estás esperando que te digan la respuesta que si te dan la respuesta antes de intentarlo.

Se ha de proyectar una hipótesis y recibir una respuesta del cerebro que te diga que no es correcto, o bien que te diga que sí que es la respuesta acertada. Por tanto, la señal de error es muy importante para el cerebro, es necesaria para aprender.

Esta idea tiene una enorme repercusión en la educación. Cuántas veces el educador o docente dice a los estudiantes: «No os equivoquéis», «hazlo despacio», «ya te equivocaste otra vez», etc. Estas frases, y algunas más, aunque se digan en buen tono, están mandando el mensaje al estudiante de que es mejor no equivocarse. Y por eso, muchas veces, los estudiantes intentan esconder el error, lo ven como algo negativo. En lugar de aprender de él, piensan que son torpes por tenerlo.

El error, lejos de motivarlos para dar con la respuesta, los desanima, porque les incomoda tener errores, ocultan el error, en vez de hablar de él. Esto influye de manera directa en su aprendizaje. En vez de sentirse cómodos con el error, lo que les importa es saber la respuesta fácil, que el educador o docente se la diga cuanto antes. En ocasiones, el educador o docente se la dice de antemano, sin darles la oportunidad de que comporten las preguntas, que son las grandes motivadoras del aprendizaje.

Si, en vez de hacer tú esa actividad del triángulo, te hubiese dicho cómo se hacía desde un primer momento, ¿lo habrías aprendido igual?

También habría cambiado tu aprendizaje si una condición para hacer la tarea hubiese sido: «A ver quién la consigue hacer con menos errores, o en menos tiempo», pues son variables que restan importancia al objetivo prioritario, que es aprender.

Deberíamos decir a los jóvenes y estudiantes algo así como: «Haz esta actividad, no importa que te equivoques las veces que sea necesario; eso sí, después de equivocarte, piensa en lo que hiciste y cómo mejorar la siguiente respuesta». Además, que se note de verdad, en lo que decimos y en cómo lo decimos, que no nos importa que se equivoquen, pues los gestos son más significativos que las palabras. Tenemos que conseguir que se sientan cómodos, aunque cometan errores, y que los usen para aprender, no para culparse.

Esto supone tiempo. ¿Estamos dispuestos a dárselo?

Las ideas tienen gran influencia en lo que somos y en el trabajo que desarrollamos como educadores y docentes. Lo que piensas del error puede condicionar mucho tu actividad académica y tus aprendizajes.

En la escuela convivimos a diario con el error y el acierto. Un error no es un «no sabe, no aprende» o un: «no sé, no aprendo». Un error es: «Todavía no sabe, está aprendiendo», «todavía no sé, estoy aprendiendo». Verlo desde una u otra perspectiva tiene una influencia decisiva en la relación entre el docente y el estudiante, y en el aprendizaje en sí.

No hagas que el error sea un motivo de disculpa.

Haz del error un motivo de aprendizaje.

# Capítulo 2

---

# La comunicación que conecta: ¿cómo influye tu lenguaje en la educación?

El lenguaje es una herramienta muy potente. Con el lenguaje mostramos emociones, sentimientos, sugerimos, proyectamos, movemos informaciones y aprendizajes.

El lenguaje puede desmotivar o motivar, puede herir o curar. El lenguaje tiene muchas posibilidades, y de ahí su importancia.

Hay diferentes niveles en los que se desarrolla la comunicación:

- Lo que escuchamos decir.
- Lo que vemos hacer mientras habla la otra persona.
- La emoción que surge al hablar.
- La emoción que surge al escuchar.

Es importante saber separar hechos, emociones e interpretaciones cuando hablamos con los demás. Tenemos que intentar interpretar menos a nuestro parecer y esforzarnos más por escuchar, observar, preguntar y comprender. Saber escuchar es prioritario, si quieres tener una buena comunicación. Escuchar no es oír. Cuando escuchas, estás pensando en lo que dice la otra persona, no en lo que vas a decirle. Quien escucha bien hace preguntas, más que dar respuestas. Las preguntas abren posibilidades de hallar soluciones a quien te habla. Es mucho mejor que la persona piense sus propias soluciones a que se las den los demás. Sentirte escuchado y comprendido se consigue más a través de las preguntas que de las respuestas.

## Habilidades de la comunicación

Una habilidad central en la comunicación es la escucha activa, que se caracteriza por:

- Escuchar sin saber. Observar para conocer, comprender.
- Escuchar sin intervenir, no interrumpir, escuchar sin rellenar las palabras que pueden faltar al que habla.
- Dar espacio, este es el objetivo, pues, de ese modo, el que habla se siente importante, se siente escuchado.
- Evitar la tendencia habitual que tenemos de evaluar, opinar, criticar, etc., pues así se logra un espacio de confianza. Si dejamos hablar, damos el espacio a quien habla para que decida por dónde quiere seguir.
- Escuchar para crear confianza. Para que la persona note que es escuchada.

Este puede ser el guion:

- Escucha sin intervenir, no interrumpir.
- No rellenar palabras de la otra persona.
- No evaluar lo que te dice.
- No interpretar.
- Preguntar y aclarar.
- Sin criticar.

- Observar (sin opinar):
  - Qué cuenta:
    - Identificar lo que es objetivo.
    - Considerar que lo que repite es lo que puede importarle más.
    - Distinguir lo que es opinión o interpretación.
  - Cómo lo cuenta:
    - Qué emociones ves y preguntar sobre ellas.
    - Recoger la emoción con la que habla y no opinar sobre ella. Esto ayuda a conocer cómo está la otra persona.
  - Lenguaje no verbal:
    - Los gestos de la cara y las manos dicen mucho del que habla.
  - Para qué lo cuenta:
    - Informar.
    - Exponer sentimientos.
    - Pedir algo.

Teniendo en cuenta todos estos factores, antes de empezar a hablar tu respuesta será mucho mejor, dado que lo normal es que, mientras la otra persona habla, nosotros estemos pensando en la respuesta que vamos a darle, más que en lo que nos puede transmitir con toda la información que podemos extraer al observarla y escucharla.

El trabajo como educadores y docentes pasa por aprender a tener en cuenta todos estos aspectos y por escuchar desde esa perspectiva. Las personas valoramos más al que sabe escuchar que al que sabe dar respuestas.

Escuchar de esta manera no es fácil, pero es posible si piensas en ello y pones siempre todo tu interés.

Una vez que hemos escuchado bien, podemos empezar a hablar.

Al comenzar a hablar:

- Es importante tener en cuenta el aspecto emocional de las conversaciones. No es solo preguntar cómo te sientes, es saber cuál es la emoción.
- El docente o educador tiene que recoger la emoción: no opinar, no manipularla, no evaluarla, solo darle nombre.
- Proponerle hipótesis que recojan la emoción desde la que parece que ha hablado:

> ¿Echas de menos el cole y por eso estas así? ¿Quizás te agobie que se rían de ti?
>
> ¿Quizás estás triste pues tu amigo te decepcionó?
>
> ¿Estás contento de haberlo hecho?

Cuando la persona con la que hablamos no sepa qué emoción le mueve, nombramos las emociones y le preguntamos de cuál está más cerca.

Reconocer la emoción frena, en parte, la necesidad de reaccionar. Nombrar la emoción de la otra persona le transmite cierta tranquilidad, ya que, al poner nombre a su emoción, se siente comprendido. Cuando alguien transmite una emoción negativa, en vez atacar, con solo nombrarla la estamos disminuyendo. Hay que nombrar la emoción de la otra persona, en lugar de reaccionar desde ella, para que se sienta comprendido y para facilitar la conexión, el diálogo y el encuentro. Si actúas ante un grito o una crítica, en vez de nombrar la emoción del que lo hace, entonces no se sentirá comprendido.

# Las preguntas en educación

Antes de aconsejar, hemos de preguntar para comprender, y preguntar mucho antes de dar respuestas. Con frecuencia utilizamos nuestra capacidad para aconsejar, formar, convencer... e insistimos. Cuando insistir no mejora la situación y ves que el único convencido eres tú, prueba a explorar, prueba a preguntar. Las preguntas tienen que generar nuevas ideas en quien responde, no se trata solo de darle información.

## Algunas ideas para preguntar en una conversación

■ *Formular preguntas limpias*: no pretenden conseguir llegar a lo que nosotros queremos que digan ni a convencerlos. El objetivo es conocer.

Pensemos en este caso:

ESTUDIANTE: No se me da bien el dibujo.

En vez de:

EDUCADOR O DOCENTE: Ponte a ello, ya verás como sí.

...mejor decir:

¿Por qué dices eso?

¿Qué parte se te da mejor?

¿Qué notas cuando dibujas?

¿Qué te gustaría que cambiara?

¿Qué necesitas para que cambie?

¿Qué te preocupa?

Como ves, son preguntas que hacen pensar, que mueven ideas, que buscan respuestas en la otra persona que son más importantes que las nuestras.

■ *Formular preguntas abiertas*: son preguntas que hacen pensar.

> ¿Para qué?
>
> ¿Qué ha pasado?
>
> ¿Qué quieres decir?

Cuando hacemos preguntas cuya respuesta es *no* o es *sí*, ya estamos interpretando y no favorecemos el diálogo.

Quizás, en vez de preguntar:

> ¿Lo has pasado bien?
>
> ¿Estás cansado?
>
> ¿Te ha gustado la fiesta?

…podríamos preguntar:

> ¿Qué ha pasado hoy?
>
> ¿Qué te ha gustado más del día?

■ *Formular preguntas para generar ideas nuevas*, para promover un cambio.

• Conectar situaciones con otras similares.

> ¿En qué otras situaciones has tenido la misma sensación?
>
> ¿Qué cambios ha habido?
>
> ¿Cómo verías esta situación desde el punto de vista de…?

- Qué piensas:

    ¿Cuáles son tus diálogos interiores?

- Relación:

    ¿Qué te preocupa?

    ¿Qué objetivos te plantea esta situación en concreto?

- Emociones:

    ¿Qué quieres decir con...?

■ *Formular preguntas cortas* para activar la acción.

    ¿Qué piensas?

    ¿Qué te preocupa?

    ¿Qué puedes hacer?

    ¿Qué puedo hacer para...?

    ¿Qué necesitas?

El quid es tener claro: ¿preguntas o te escuchas?

En clase, las preguntas tienen un potencial muy grande. Preguntar es una actividad que ayuda a:

- Regular errores.
- Comprobar el progreso del alumnado.
- Repasar y consolidar aprendizajes.
- Centrar la atención.
- Fomentar la participación.
- Favorecer el pensamiento y el razonamiento del alumnado.

Las buenas preguntas son capaces de activar, mover conocimientos y motivar para el aprendizaje.

No solo proporcionan información al que pregunta, sino que también generan pensamiento nuevo en quien da una respuesta.

Quizás es más importante una buena pregunta que una buena explicación, pues, con las preguntas, nuestro alumnado es receptor activo de sus aprendizajes.

Cuando preguntamos, hemos de tener cuenta estos aspectos:

- Debemos saber esperar y dar un tiempo razonable para elaborar la respuesta.
- Si la respuesta es incorrecta, es bueno dar otra oportunidad, conviene hacer otra pregunta, que pueda contestar, para que la persona se quede con una sensación positiva que favorezca de nuevo las ganas de contestar.
- Si reformulamos las respuestas, se favorece la atención.
- Cuando hacemos una pregunta y nos dan una respuesta, que otro alumno tenga que reformular o resumir esa respuesta hace que todos tengan que estar atentos y, además, les facilita la comprensión.
- Hacer dos preguntas y elegir una: si, cuando preguntamos, en vez de una pregunta hacemos dos y les damos la posibilidad de elegir una, estamos potenciando de una manera muy sencilla la motivación. La acción de elegir motiva por sí misma.
- Responder con una pregunta: si te preguntan y les das la respuesta, estás frenando la actividad de aprender, porque ya han conseguido su objetivo. En cambio, si a una pregunta contestas con otra, la actividad de aprendizaje prosigue, ya que consigues mover y relacionar conocimientos.
- Preguntar en clase sobre lo explicado o trabajado, pasados 10 o 15 minutos, no para poner notas, solo para consolidar co-

nocimientos. No solo tenemos que preguntar a nuestro alumnado sobre contenidos, también sobre cómo se desarrolla su aprendizaje.

¿Por qué tienes dudas, por qué tienes nervios, por qué tienes inseguridad en esa respuesta?

¿Qué te ha costado más aprender?

¿Qué dificultades has encontrado?

¿Cómo has conseguido entender esto? ¿Puedes explicarlo de otra manera?

¿Qué dudas tienes?

¿Cómo explicarías esto a otro compañero?

Las preguntas activan la motivación, pero no preguntes solo para poner nota, pues genera tensión e inhibe respuestas. Pregunta también para compartir lo que saben tus alumnos y para que expongan sus puntos de vista sobre el tema:

¿Qué opinas?

¿Qué puedes añadir?

¿Qué relación encuentras...?

Conviene preguntar a alumnos concretos, pues los voluntarios suelen ser los mismos.

■ *Preguntas contextualizadas y con tema transversal:* no solo para recitar el contenido. Intenta que interrelacionen aprendizajes e ideas:

¿Cómo explicarías...?

¿Qué relación ves...?

Cuando has explicado algo, puedes hacer dos preguntas:

¿Lo entendéis?

¿Quién no lo ha entendido?

Con la primera te diriges a quienes lo han entendido, los cuales, además, son los que menos necesitan la pregunta. Los que no lo entendieron es más fácil que se callen. Si preguntas con la segunda fórmula, está más claro que quienes más te interesan en ese momento, y a los que te diriges es, a quienes no lo han entendido, que son los que necesitan más tu explicación. Esta pregunta lleva un gran trabajo detrás, que es que el docente en clase ha desmontado la idea de que equivocarse o no saber algo te hace ser menos inteligente que los demás y te muestra como torpe. Que un estudiante no sepa algo y lo reconozca, que se equivoque y lo diga para corregirlo es una ventaja para él, para su aprendizaje y para su desarrollo personal. Tener la tranquilidad, la confianza, la seguridad y el interés de decir que algo no ha entendido comporta subir un peldaño más en la escalera del aprendizaje.

## Errores en el control de conocimientos o al preguntar

- Preguntar, hacer exámenes o ejercicios como castigo.
- Preguntar varias preguntas a la vez.
- Que siempre contesten los mismos.
- Preguntar siempre de la misma manera.
- Preguntar sobre contenidos memorizados sin reformularlos o razonarlos.
- Preguntar siempre para recoger información memorizada y pocas para desarrollar la competencia de aprender a aprender.

- Preguntar buscando solo una respuesta. Puede haber respuestas válidas que no son las que busca el docente.
- Preguntar en clase, que conteste un estudiante y suponer que ya todos lo han aprendido.
- Preguntar con expectativas: «seguro que no lo va a saber», «seguro que lo va a saber».
- Preguntar siempre para calificar.

Un buen aprendizaje no comienza con una gran respuesta, sino una gran pregunta.

Para favorecer la comunicación, es importante que nos fijemos en las ideas previas que tenemos del receptor. Ten en cuenta las ideas previas que te has formado sobre las personas con quienes vas a hablar. Muchas veces, darte cuenta de cómo actúas y cambiar las ideas previas, cuando no son demasiado positivas, puede abrir distintas y mejores posibilidades, y puedes obtener resultados diferentes en la conversación:

En vez de:

No lo va a hacer, como siempre.

Aunque se lo explique otra vez, no lo va a saber.

No me escucha nunca.

…mejor decir:

Quizás ahora lo haga.

Si se lo explico de nuevo, puede que lo entienda.

A ver si escucha ahora.

Las primeras ideas previas que llevas antes de la conversación te predisponen a estar distante y poco receptivo, y generan precisamente eso en la otra persona. En cambio, las segundas ideas previas predisponen a ambos al encuentro, acercamiento y diálogo.

Actuar y pensar de forma diferente provoca resultados diferentes. Hacer lo mismo es obtener lo mismo.

Y preguntar con expectativas positivas es importante. Quizás estás utilizando las contrarias.

En vez de:

> ¿No lo has terminado aún?

...mejor decir:

> ¿Lo tienes terminado?

En vez de:

> ¿A qué no has empezado a estudiar?

...mejor decir:

> ¿Has estudiado ya el tema?

Un lenguaje que favorece mucho la comunicación es el lenguaje positivo. Este lenguaje favorece la motivación y la autoestima, la comunicación, el encuentro y la conexión, aspectos muy beneficiosos para el aprendizaje.

Cambia los «eres» por «estás» u otras fórmulas:

- Etiqueta:

  > Eres un vago.
  >
  > No se le da bien.

- No etiqueta:

  > Estás trabajando poco.
  >
  > Tiene que mejorar en...

Transmite expectativas positivas en las preguntas y afirmaciones. Comparemos las dos preguntas siguientes:

¿No lo has recogido aún?

¿Lo tienes ya recogido?

La segunda pregunta se centra más en la posibilidad de que lo haga bien. Y eso genera expectativas positivas y disposición a hacerlo mejor, pues tu lenguaje lo que muestra es eso.

Como ya anticipamos en páginas anteriores, tenemos que ayudar a nuestros jóvenes y estudiantes a cuidar el lenguaje interior que utilizan. Este lenguaje tiene la capacidad de influirlos en su motivación según lo que ellos mismos se digan ante una actividad o situación. Es conveniente que hablemos con ellos sobre cuál es el lenguaje interior que emplean y cómo mejorarlo y favorecerlo. Hemos de trabajar con ellos ideas interiores como:

Lo haré bien.

Sé que puedo hacerlo.

Lo intentaré hasta que lo consiga.

Lo que no sé puedo aprenderlo.

Me ayudará la profe.

Estas preguntas dan lugar a una disposición positiva para aprender.

Si el lenguaje positivo es importante, también lo es el lenguaje objetivo. Consiste en decir de manera precisa lo que quieres decir y, de ese modo, tu mensaje llega más y mejor.

Si un estudiante llega tarde, no des por hecho que sabes el motivo.

**En vez de:**

Ya sé de dónde vienes.

**…mejor decir:**

Me gustaría saber de dónde vienes.

**Dile que te aclare los términos:**

Dices que tardaron mogollón en atenderte, ¿cuánto tiempo es mogollón?

**No exageres, el lenguaje preciso llega más y mejor.**
**En vez de:**

Llevas toda la tarde hablando.

**…mejor decir:**

Llevas hablando cinco minutos.

**En vez de:**

Tienes un segundo para hacer los deberes.

**…mejor decir:**

Tienes media hora para hacer los deberes.

**Es importante tener en cuenta que las críticas se han de hacer sobre las acciones, no sobre las cualidades o la persona.**
**En vez de:**

Eres un impuntual.

**…mejor decir:**

No has llegado puntual. Intenta llegar antes. Es mejor para todos.

En vez de:

> Eres un desordenado.

…mejor decir:

> Tienes muy desordenados tus cuadernos. Es más fácil estudiar si tienes los cuadernos ordenados.

Valora con sinceridad cualquier esfuerzo o resultado, pero sin recurrir al *pero*, como se aprecia en el ejemplo que sigue:

> ¡Qué bien has hecho esta actividad!, *pero* has tardado mucho.

Cuando educamos, comunicarse bien es importante para transmitir y recibir el mensaje de manera óptima.

La comunicación puede tener tanto obstáculos como puentes. Debemos tener en cuenta ambos aspectos para facilitar una mejor conexión.

# Obstáculos y puentes en la comunicación

## Obstáculos

Los obstáculos hacen que las personas estén a la defensiva y generan tensión entre ellas. Incluyen:

- Amenazar.
- Ironizar.
- Castigar.
- Insultar.
- Callar, no hablar cuando te hablan.
- Hablar sin parar.

- Interpretar, no dejar claro lo que se piensa.
- Chantajear.
- Utilizar el móvil o las pantallas; cuanto menos los uses, más favoreces la comunicación.

## Puentes

Frente a los obstáculos, contamos con los puentes, que favorecen y que hacen fluir la comunicación:

- Escuchar.
- Mirar.
- Aceptar.
- Valorar.
- Comprender.
- Preguntar.
- Comprobar hipótesis.
- Dialogar.
- Elogiar.
- Dar oportunidad.
- Abrazar.
- Jugar.

En la práctica educativa diaria, para mejorar la comunicación, has de intentar cambiar los *peros* por *al mismo tiempo*. El *pero* resta, anula lo anterior.

Has hecho un buen trabajado, te esforzaste mucho, *pero* tienes muchas faltas de ortografía.

Has hecho un buen trabajo; *al mismo tiempo*, tienes muchas faltas de ortografía.

El *si* abre posibilidades, da protagonismo para elegir, la otra persona es la que tiene que decidir. No se impone y favorece la toma de decisiones; siempre que se pueda, es una opción ideal. Compara estas formas de decir un mensaje:

> No tires por ahí la pelota, se va a ir lejos. / *Si* tiras por ahí la pelota, se va a ir lejos.
>
> No copies los ejercicios. / *Si* copias los ejercicios, no aprendes.

En la comunicación es fundamental conocer qué valoración es la que estamos usando con más frecuencia. Valorar de manera positiva el esfuerzo es importante para conseguir que la dopamina, neurotransmisor cerebral, vuelva a hacer interesante para el estudiante la actividad que está realizando y, por ello, que desee repetirla.

Conviene que la valoración que el docente comparta con su alumnado tenga estas características:

- Rapidez
- Enfocada en la conducta, no tanto en el resultado
- Concreta
- Afectuosa

Llega antes la emoción con la que hablas que las palabras que dices. La evaluación tiene un componente ético y también un gran componente emocional. En consecuencia, el docente tiene que intentar valorar siempre desde la sinceridad, el cariño y la cercanía.

Conviene destacar que hay aspectos que favorecen poco el aprendizaje y que hemos de evitar:

- Fijarse solo en los resultados.
- Decir al estudiante lo que tiene que cambiar sin escuchar antes sus argumentos e ideas sobre su rendimiento y situación personal.
- Dar soluciones enseguida.
- Dar siempre las respuestas.

¿Qué valoración priorizas: la externa o la interna? Debería prevalecer la valoración interna. Para ello, antes de dar una respuesta, tenemos que preguntar: «¿Cuál es tu opinión sobre… el trabajo, la actividad, lo que ha pasado, lo que dices…?». De este modo, hacemos ver al estudiante que su opinión nos importa, antes de darle la nuestra. Favorecemos su autoestima y potenciamos su punto de vista.

Una acción que refuerza y facilita la comunicación es elogiar. Los elogios potencian la autoestima, las relaciones, la cercanía. Un buen elogio tiene que considerar tres aspectos:

- Fijarse en el modo de conseguirlo y el resultado:

    Alex, noto que has trabajado mucho para conseguir que el trabajo tenga gran calidad.

    He visto que has hecho las actividades del colegio con interés y concentrada.

- Centrarse en las emociones de la persona que hace el trabajo o actividad:

    Tienes que estar contento con tu trabajo.

    Estás satisfecha con tu esfuerzo, supongo.

- Centrarse en las emociones del que elogia:

Estoy contento de ver que progresas y estudias. Gracias, Alex.

Me gusta comprobar que muestras interés y ganas.

Otro aspecto esencial a la hora de elogiar o valorar es que tiene más influencia positiva el elogio que va dirigido al joven, al estudiante y a su esfuerzo e interés que el que solo se dirige al resultado. Haz esta prueba: escoge a dos grupos de estudiantes, o dos parejas de estudiantes, según las posibilidades que tengas. Han de tener características académicas similares, para que no sea una variable que condicione el resultado. Proponles una tarea concreta. Por ejemplo, que hagan el mismo puzle en clases distintas.

Cuando el grupo A haya hecho la actividad, elogia el resultado: «Qué bien lo habéis hecho», «el puzle está perfecto», «qué gran trabajo». Respecto al grupo B, dirige tu valoración hacia su esfuerzo y trabajo: «Qué bien habéis trabajado, os habéis esforzado mucho», «habéis trabajado en equipo y con mucho interés», «me gusta ver cómo os esforzáis por conseguirlo y mejorar». Ahora proponles una actividad similar, pero que puedan escoger entre varias. Por ejemplo, entre un puzle de 50 piezas y otro de 100. ¿Qué puzle piensas que escogerán los grupos?

El grupo A sabe que lo que al educador o docente le importa es el resultado, por lo que escogerá el puzle de 50 piezas, ya que es más fácil y tendrá más a su alcance el reconocimiento del educador o docente, pues, si elige el más difícil, quizás no obtenga el elogio y valoración que consiguió antes, pues el resultado es lo que más valoró el docente.

En cambio, el grupo B, que sabe que le valorarán el esfuerzo y el trabajo, elegirá hacer el puzle de 100 piezas, porque es en este donde tendrán que esforzarse y trabajar más, al importar más esto que el resultado. Supongamos que estas diferentes valoraciones son constantes durante el curso en ambos grupos. ¿Qué estudiantes desarrollarán más habilidades, aprenderán más, tendrán más capacidad de esfuerzo?

Cuando tenemos que corregir o llamar la atención por algo, como ya se ha comentado, es mejor centrarse en la acción. Recuerda que, en vez de decir: «Eres un vago», es mejor decir: «Estas trabajando poco». Asimismo, si hablamos de conductas poco adaptativas, es mejor no poner adjetivos personales y poner nombres a las acciones. Hablar de aspectos personales favorece que la persona a quien te diriges esté en modo defensa-ataque; en cambio, dirigirte a su acción concreta estimula la reflexión y el cambio.

Usar más la expresión *todavía* es una buena posibilidad. Con ella damos más margen, se abren posibilidades:

En vez de:

> ¿No lo has hecho?

...mejor decir:

> ¿Todavía no lo has hecho?

En vez de:

> No sabes hacerlo.

...mejor decir:

> Todavía no sabes hacerlo.

Usemos menos imperativos y más preguntas. Las preguntas abren siempre posibilidades. Además, propician la reflexión y consolidan la opinión.

En vez de:

> Coge el paraguas, que llueve.

No has contestado bien la mayoría de los ejercicios, tienes que estudiar más, atender en clase…

…mejor decir:

Está lloviendo, ¿qué podemos hacer?

La mayoría de los ejercicios no los contestaste bien, ¿qué puedes hacer?

Es de enorme valor hablar, preguntar, comentar cuál es su lenguaje interior, ese con el que se habla y motiva a sí mismo. Hablarles de nuestro lenguaje interior y poner ejemplos es esencial.

Es mejor procurar no decir expresiones del tipo: «No importa», «es una tontería», «no te enfades», etc., porque, en ese momento, para él, sí que es importante, no es ninguna tontería. Puedes sustituirlo por: «Comprendo que te enfades».

Las palabras tienen una gran repercusión en el otro, pues transmiten mucho más de lo que parece. Si, además, le añadimos la emoción y el tono con el que hablamos, el mensaje es aún más potente y puede provocar en quien lo escucha, una gran variedad de sensaciones, ideas… Por ello, hemos de estar atentos a lo que decimos y a cómo lo decimos, pues, a veces, ante una misma acción, no decimos lo mismo ni de la misma manera, por ejemplo, cuando hablamos a una niña que cuando hablamos a un niño. Esto puede ir instaurando, de manera sutil, sin que seamos conscientes de ello, diferencias en la personalidad de ambos. Veamos un ejemplo:

Una niña está montando en bicicleta y se cae.

MADRE: ¿Qué te ha pasado? No corras. Te has hecho daño. Deja un poco de montar en bici, que te puedes hacer daño, puedes jugar a algo más tranquilo.

Un niño está montando en bicicleta y se cae.

MADRE: ¿Qué te ha pasado? A ver, no tiene importancia. No te preocupes. Que tú eres un valiente.

Estos mensajes, o mensajes parecidos, suelen ser habituales. Sin darnos cuenta, muchas veces los mayores atribuimos cualidades distintas a los más pequeños. En el ejemplo anterior, el chico interiorizará que tiene que ser valiente, seguir montando en bici, ser constante, aunque se haya hecho daño. Y la niña interiorizará lo opuesto. Expresar estos mensajes en diferentes situaciones, numerosas veces y por parte de diferentes emisores puede hacer que la idea que transmiten se asimile y se generalice con facilidad, fomentando características bien distintas de género.

Además, estas características pueden verse como algo normal, cuando no es así. En el ejemplo de la bicicleta, la valentía no tiene por qué ser una característica asociada solamente a los niños, pues las niñas también son valientes. Tendríamos que preguntarnos siempre: «¿Si fuese una niña, o si fuese un niño, le diría lo mismo y de la misma forma?».

Cuando una persona está nerviosa o agobiada, has de tener en cuenta que lo que le digas cuenta mucho. Expresiones como: «No te preocupes, no pasa nada, no te pongas así, no te agobies» aún le alterarán más. Es mejor hacer preguntas como: «¿Qué te pasa? ¿Cómo puedo ayudarte? ¿Qué necesitas?», dado que abren un espacio al diálogo, la cercanía y la comprensión.

Para lograr mejores aprendizajes, es indispensable promover la sensación de seguridad, que se consigue con:

- Cariño incondicional.
- Pertenencia: saber que cuentan con su opinión y que su opinión cuenta.

- Protección y seguridad: pero teniendo en cuenta que mucha protección genera inseguridad. Además, si te preocupas demasiado por lo que le pasa, es fácil que el otro no te cuente mucho de lo que puede estar pasándole, para no preocuparte.
- Reflexión interior y diálogo exterior.
- Confianza y cercanía: para que puedas contar y que te cuenten. Para ello, se han de evitar las críticas y reproches, puesto que dificultan la comunicación venidera.

Para favorecer una buena comunicación, también hemos de considerar aspectos como:

- No interrumpir: saber escuchar lleva implícito no interrumpir a quién habla. Si interrumpes, parece que lo que dice la otra persona te importe poco.
- No rellenar las frases: aunque sepamos lo que va a decir, conviene no anticiparlo, pues quien tiene que decir la idea es quien habla.
- Interpretar bien el *no*: que digan que *no* es algo que no tiene que hacer enfadar al que escucha. El *no* suele ir dirigido a una acción, no a la persona. No te tomes el *no* como algo personal.
- Saber cómo enfocar los errores, como ya vimos en el apartado de neurociencia.
- Generar la necesidad, más que obligar.

En vez de:

> Haz los deberes.

...mejor decir:

> Si haces los deberes, te resultará más fácil luego estudiarlo.

- Dar oportunidades de decidir, aunque sea en la toma de decisiones básicas; por ejemplo, en qué actividades puede hacer. Poder decidir siempre motiva.
- Mirar a los ojos dice más que a los labios.
- Dar las gracias y pedir perdón.

La infancia es tiempo para aprendizajes decisivos. Aprendemos más con lo que vemos hacer que con lo que escuchamos que nos dicen. Las neuronas espejo, como sabemos, son las están siempre alerta para ello. Por ese motivo, los mayores debemos cuidar mucho lo que hacemos, pues la gran mayoría de las interacciones con los niños producen aprendizajes, aunque no nos demos cuenta.

Los niños necesitan que los mayores los escuchen de una manera diferente. ¿Y cómo se hace esto? Sencillamente, escuchando, preguntando más que dando respuestas, y procurando no juzgar. Preguntar para saber motivos, opiniones, emociones, esto es, para seguir escuchando. Y, después de haber escuchado, opinar sin criticar. Y, si es apropiada una crítica, que sea para la acción, no para la persona.

Conviene que nos preguntemos siempre: «¿Qué puede haber detrás de un comportamiento poco adecuado?», «¿qué motivos tiene la persona para comportarse así?». Hacer esta acción te ayudará a comprender a los niños. Y, de esta manera, los podrás ayudar mejor. Muchas veces reaccionamos a las acciones, sin preguntarnos por los motivos, y esto dificulta la relación, ya que, más que acercar, separa.

Los niños necesitan seguridad y confianza para crecer de manera sana. La seguridad se favorece:

- Dándote cuenta de tus errores y pidiendo perdón.
- Aceptando tus limitaciones y hablando de ellas.

- Dando confianza, pero no solo con palabras, también con tus gestos, con hechos. Confianza en que puede hacer y permiso para hacerlo.
- Cuidando las necesidades de ambos; cuidando las tuyas cuidas mejor las suyas.
- No controlándolo todo.
- No etiquetando. Poner etiquetas hace mucho daño.
- Permitiéndole que explore y pueda equivocarse y volver a explorar.
- Evitando ciertas formas de violencia que no permitiríamos en las relaciones con adultos: chantaje, autoritarismo, amenazas, gritos, castigos.

No eres perfecto, vas a equivocarte en numerosas ocasiones, lo importante es admitir tus fallos, hablar de tus errores y disculparte: ese es siempre un buen aprendizaje para los niños. Es más importante que copien tu humildad que tu perfección.

Cuidar el lenguaje interior es vital: háblate en positivo. El lenguaje condiciona tu interior. Hablarte bien favorece que estés más receptivo, seguro, tranquilo y optimista. Ello allanará el camino para las interacciones que tengas con los demás, haciéndolas más productivas. Tu lenguaje interior refleja tu acción exterior.

## Resolución de conflictos

Lo importante de los conflictos son las soluciones, porque son aprendizajes.

Las acciones siempre satisfacen necesidades. Cuando una acción provoca un conflicto, conviene hacerse estas preguntas:

1. Hecho: ¿qué ha pasado?
2. ¿Qué sentimientos o emociones produce ese hecho?
3. Una vez analizados los sentimientos: ¿qué necesitan las personas para estar mejor?
4. Acción: ¿qué hay que hacer para solucionar o mejorar la situación?

Veamos un ejemplo:

Un estudiante llega a su casa con algunos suspensos.

Sin duda, puede ser un motivo de conflicto. Su madre o su padre pueden escoger el camino de los obstáculos: amenazas, castigos, juzgarlo, insultar, darle un sermón, ironizar, quedarse en silencio, etc. Todas estas acciones no contribuyen a la resolución de conflictos. También pueden optar por el camino de tender puentes: el encuentro, el diálogo, preguntar, escuchar, aceptar, comprender. Siguiendo las preguntas anteriores:

1. ¿Qué ha pasado? ¿Cómo es que tienes esos suspensos, cuáles son los motivos?

2. ¿Cómo te sientes por ello? ¿Qué sentimientos nos produce esto a los dos? Se habla de ello, sin culpar, sin frustración, sorpresa, enfado, preocupación, etc.

3. ¿Qué necesitas? Preguntar y preguntar hasta identificar cuáles pueden ser las necesidades básicas que favorecerían la mejora. Con toda seguridad, precisa apoyo, proximidad, comprensión calidez, paciencia y valoración. Seguidamente, hacer propuestas, como pueden ser más tiempo para estudiar, más espacio, más confianza, motivación...

4. ¿Qué acciones te ayudarían? Dar clases particulares, tener menos extraescolares, más confianza y menos estar encima de él o ella, etc.

En una situación de conflicto, es esencial:

- Tener en cuenta de manera objetiva qué ha pasado.
- Intentar comprender qué motivos tiene la persona para hacer o decir eso, o para ponerse así.
- Intentar no responder, a las primeras de cambio, desde la rabia o el enfado.
- Comprender, que implica intentar hacer que se sienta comprendido y aceptado.
- Analizar los sentimientos que le han provocado esa reacción y los que esa reacción le ha podido provocar. Y, además, hablar al respecto. Comprender la emoción que muestra y validarla: hacerle ver que es lógica abre muchas posibilidades al diálogo, entendimiento y soluciones.
  Se ha de analizar, primero, la situación desde la perspectiva de la otra persona, no desde la propia. Una vez analizado de ese modo, se tiene que ver qué necesidad hay detrás de esa conducta. Ya sabemos que todas las acciones llevan detrás una necesidad. Conociendo esta necesidad, se intentan consensuar soluciones.
- Evitar castigar. Poner límites es necesario y es una forma de cuidar también de las necesidades de todos. Pero esos límites, cuantos menos, mejor. Y se pueden revisar de vez en cuando, pues las necesidades cambian.

Los conflictos son situaciones muy normales entre las personas. Lo importante es verlos como una oportunidad de mejora, de crecer, de contrastar ideas, de gestionar emociones. A pesar de que surjan conflictos, siempre hay que formar parte de la solución.

Muchas veces las conductas de los niños nos dicen que necesitan algo de los mayores:

- Cuando te agobia, es probable que necesite atención.
- Cuando está en plan retador, quizás es que está siendo demasiado controlado.
- Cuando protesta mucho, es que necesita decidir más, tenerle más en cuenta.
- Si se bloquea a menudo, exigirle menos le vendrá bien.
- Cuando pega con frecuencia, quizás tenga que curar heridas emocionales. El diálogo favorecerá que se curen.

Conviene recordar estas ideas, dado que pueden ayudar a encauzar muchas situaciones y entender muchos motivos.

Una idea básica es que educar no equivale a aplicar consecuencias a conductas para que no lo haga otra vez, aunque a veces haya que hacerlo. Educar es enseñar, aportar habilidades, dialogar sobre motivos y emociones. Educar es mejorar desde el ejemplo, la confianza, la escucha, el amor.

Relativizar errores es imprescindible.

Intentemos no imponer. Lo mejor siempre es acordar ideas y negociar soluciones. Cuando intentes negociar algo, ten presentes las necesidades de ambos, no solo las tuyas. Y, si las necesidades cambian, no te importe cambiar lo que acordaste, si, de ese modo, respetáis más necesidades.

Cuando dices *no*, intenta dar los motivos por lo que lo has dicho, esfuérzate en comprender los motivos de los demás e intenta ser algo flexible.

Mónica: Mamá, ¿puedo comer esta bolsa de chuches?

Mamá: Mira, es que vamos a comer en media hora. Comprendo que tienes hambre. Ya sabes que la norma es que no comemos entre horas. ¿Puedes esperarte un poco? Coge, mientras tanto, una fruta, ¿te parece? Gracias, Mónica.

La diferencia entre decir que *no* y esta otra manera es considerable. Con esta opción, estamos dando argumentos para decir que no, estamos comprendiendo y, además, brindamos una posibilidad.

También es importante saber y enseñar a interpretar el *no*. Cuando te dicen que no, o lo dices tú, estás diciendo que no a una propuesta o una acción, no a una persona en concreto. La mayoría de las veces es así. Pero, si el *no* se toma como algo personal, produce enfado, tensión, conflicto.

La comunicación conecta. La conexión facilita la educación.

El lenguaje y la comunicación que se generan han de ser tan motivadores como sea posible. La motivación favorece el aprendizaje y la educación, facilitando la transmisión de información, las acciones concretas hacia el objetivo que se pretende conseguir y la fluidez de ideas y emociones. En la comunicación siempre se transmiten emociones y, a su vez, las emociones siempre comunican.

# Capítulo 3

## Emociones, motivación y aprendizaje

### Emoción

Las emociones y el aprendizaje están relacionados de manera directa. Una emoción positiva favorece un mejor aprendizaje. Una emoción es un patrón de conducta predeterminado y preconsciente, es decir, se genera sin que la persona se dé cuenta. Las emociones son fundamentales para el cerebro, pues son básicas para la supervivencia. Por ello, cualquier aprendizaje que lleve emociones asociadas es una prioridad para el cerebro. Este asimila mejor y produce aprendizajes más duraderos cuando aprende en un entorno emocional agradable.

Las emociones se activan ante un peligro o una oportunidad. Las emociones básicas son el miedo, la alegría, la tristeza, el asco, la ira y la sorpresa. De la combinación de ellas surgen un gran número de emociones más.

Cuando se educa, se ha de tener en cuenta la influencia de la mirada, que es lo primero que nos transmite información sobre los demás. Posee más verdad que el lenguaje. Puedes estar hablando y tu mirada transmitir un mensaje distinto. Las miradas, por tanto, transmiten emociones. Es crucial cuidar lo que decimos, y más todavía cuidar cómo lo decimos. Una conversación muy trascendente influye tanto como la sutileza de una mirada. Igual que educamos nuestro lenguaje y comunicación, hemos de educar nuestras miradas y gestos para favorecer nuestras acciones educativas.

Cuál sería tu respuesta si te preguntasen: «¿Se puede educar con miedo?», «¿educas con miedo?»

Puede educarse con miedo, de hecho, muchas veces lo hacemos quizás sin darnos cuenta de ello. No es conveniente educar así, dado que el miedo hace que aprender sea algo desagradable e incómodo, y nuestro objetivo ha de ser hacer del aprendizaje una actividad placentera marcada por la confianza. El miedo es individual: un estudiante puede tener miedo a algo concreto y los demás no tenerlo. Es impulsivo, produce sensaciones negativas, te paraliza o te hace huir. El miedo que un estudiante puede tener a que le pregunten, a una área en concreto, a hacer las tareas, a que lo regañen, etc., puede provocar rechazo hacía esa área, una acción o una persona específica, y ello va a dificultar sobremanera que se alcance un rendimiento óptimo.

Educar con miedo hace que las personas sean menos proactivas, menos transformadoras, que les cueste más tomar decisiones y que les pueda incomodar aprender cosas nuevas. Además, el miedo puede presentar distintas intensidades, y la misma intensidad, provocar respuestas distintas en las personas. Se puede educar con miedo, a veces de manera sutil, por ejemplo, cuando el docente amenaza con poner un examen, trabajo o deberes como consecuencia de una conducta poco apropiada de los estudiantes. Es una práctica habitual, pues los estudiantes suelen reaccionar a esta advertencia con rapidez, pero les puede provocar miedo o rechazo al examen, al trabajo, a aprender. Peor aún, se les está indicando de manera indirecta que aprender, hacer tareas, es un castigo. Un examen o un trabajo que el docente manda desde la revancha o como consecuencia por algún comportamiento inadecuado del alumnado genera emociones que entorpecen el aprendizaje. No uses los exámenes, trabajos o pruebas para demostrar tu poder.

Con las advertencias que hace el docente sobre si lo que explica o deja de explicar va a entrar o no en el examen, sin darse cuenta, está otorgando más valor a la nota que al aprendizaje. Y eso hará que el estudiante estudie más para la nota que para aprender, y esto marca una diferencia importante. Cuando el docente avisa de que, como consecuencia de un mal comportamiento, deja de explicar en clase determinados contenidos, pero que estos entrarán igualmente en el examen, eso puede generar miedo sutil, agobio y nervios en algunos estudiantes, que, quizás, además, no tengan nada que ver con el conflicto que ha habido. Lo fácil es decirlo y que reaccionen, pero no es justo actuar así. Muchas veces el camino más rápido y sencillo no es el apropiado para conseguir un objetivo.

Cuando un docente dice a un alumno con un tono poco conciliador que informará de determinados hechos a sus padres más para regañarle que para poner soluciones, ¿qué está generando? Es evidente que tiene que hablar con su padre y su madre, pero en tono conciliador con su alumno. Debe hacerle ver que hablará con ellos, no para que le regañen, más bien para intentar mejorar la situación explicando motivos, preguntando, buscando soluciones, procurando desplegar estrategias comunes que minimicen el problema, y escuchando y esforzándose por comprender al estudiante, cuáles son sus necesidades, sus propuestas. Es decir, en la reunión el estudiante siempre cuenta.

Una carita triste dibujada por un error en el trabajo realizado transmite un mensaje de que el docente está triste por ese fallo. «Profe, si mi error hace que estés triste, entonces mejor no lo intento, intento solo aquello que sé que puedo hacer bien, pues me gusta que estés contento».

Estas situaciones y algunas otras pueden estar dando lugar, sin darnos cuenta, a emociones poco adecuadas para el aprendizaje, la motivación y el trabajo de los estudiantes. La influencia de las emociones es decisiva en educación. Por consiguiente, cuidemos, valoremos y tengamos presente este aspecto dentro de nuestra práctica educativa diaria.

Tenemos que evitar, en la medida de lo posible, que hacer las tareas o estudiar sea un motivo de discusión, advertencia o chantaje. El diálogo, el entendimiento, hacer comprender los motivos por los que tiene que trabajar son los primeros argumentos, no las consecuencias de no hacer lo que toca, que, sin duda, a veces hay que establecer. Pero invertir el tiempo en el diálogo, la escucha, la comprensión, la explicación y la negociación es algo que siempre debemos hacer.

Las emociones que tienen que prevalecer en educación son la alegría, la sorpresa y la curiosidad. Se trata de emociones que favorecen y potencian el aprendizaje, el querer seguir aprendiendo. Educar con alegría es estar a gusto, tener confianza, saber que estás en un entorno en el cual puedes equivocarte sin problema, saber que importas como persona y confiar en que cuentas siempre con la ayuda y apoyo de quienes tienes al lado. La alegría se consigue creando vínculo, y este se favorece, entre otras acciones, cuando los jóvenes y estudiantes notan que están acogidos, comparten y cooperan, y se cultiva el respeto, la participación y la confianza. La confianza que tenemos que fomentar es la confianza en sí mismo, en sí misma y la confianza en los demás. El vínculo se genera cuando perciben que su opinión cuenta, cuando se estimula que se conozcan entre ellos, cuando hay motivos para celebrar y lo celebran, cuando disponen de tiempo para jugar y conocerse compartiendo experiencias, cuando viven experiencias de logro, de ayuda mutua. El vínculo se desarrolla cuando notan que tienen objetivos comunes, cuando hay posibilidad de escucharse y no solo sobre temas académicos, cuando tienen la oportunidad de dar abrazos, pedir perdón, dar las gracias...

Estar a gusto en clase es un factor decisivo para la consecución de un buen aprendizaje, ya que asociar un aprendizaje a emociones positivas lo consolida y mejora.

Las emociones sirven a lo que te propones. Intenta asociar una emoción a estas acciones.

| | | |
|---|---|---|
| evitar | reñir | preguntar |
| ignorar | confiar | abrazar |
| ayudar a corregir | escuchar | comprender... |

Desde la emoción con la que educas es lo que llega de ti, lo que los demás perciben de ti. Tu mensaje está condicionado a esa emoción con la que lo estás comunicando. Llega antes y con más calado la emoción con la que hablas que el mensaje que intentas transmitir.

¿Cuáles son las emociones con las que educas de manera habitual?

## El vínculo: la conexión emocional del aprendizaje

Los factores socioambientales e interpersonales son determinantes en el aprendizaje. El vínculo es un aspecto central en el clima de la clase. Educar es una actividad de relaciones humanas, no se limita a transmitir información. Necesitamos relacionarnos, pues tenemos un cerebro que es social. La conexión, por tanto, desde la cercanía y el cariño es fundamental para nuestro cerebro. Esta conexión genera un vínculo entre las personas que favorece el aprendizaje. Docentes y educadores tenemos que potenciar esta competencia de crear vínculo con los estudiantes. El vínculo les permite sentirse escuchados, aceptados sin crítica, en un entorno de confianza y seguridad. El cerebro, a través del vínculo, genera oxitocina, que es una hormona que favorece el bienestar y la seguridad, lo cual provoca una mayor activación de la corteza prefrontal y de la capacidad de aprendizaje.

Pero ¿cómo crear vínculo? Algunas posibles acciones que lo favorecen son:

- *Potenciar y valorar la acogida*: cuando llega un estudiante nuevo a clase o se cambia de curso, es importante realizar actividades cuyo objetivo sea que se sienta acogido, a gusto, facilitando que se le conozca y que conozca a los demás. Se han de propiciar espacios de tiempo para contar anécdotas, hacerse preguntas, comentar aficiones, gustos, emociones, ilusiones…
- *Promover experiencias de compartir y cooperar*: la tutoría entre iguales y el trabajo cooperativo refuerzan mucho este aspecto, así como desarrollar juegos cooperativos, no competitivos, y hacer pruebas como equipo.
- *Potenciar experiencias comunes significativas*: salidas, celebraciones…
- *Expresar afecto*: abrazar, notar que te quieren…

Todas las actividades que refuerzan las habilidades sociales y la conexión entre las personas generan vínculo. Dedicar tiempo a construir un ambiente cálido, distendido y agradable supone invertir en calidad educativa. Generar oxitocina favorece la enseñanza y potencia el aprendizaje. Una comunicación de calidad potencia todavía más el vínculo entre las personas.

# Motivación. ¿Motivados para qué?

La motivación es un factor decisivo en el aprendizaje. Constituye un estado emocional que favorece comportamientos del estudiante que le facilitan el aprendizaje y potencian su atención.

La motivación siempre tiene un objetivo. Te motivas para algo o por algo. La pregunta que no puede faltar cuando planteas una actividad en el aula como docente intentando que tu alumnado se motive no es si el alumnado está motivado; la pregunta es: «¿Para qué están motivados con esta actividad?». Ten en cuenta que pueden estar haciendo una actividad, pero no con la intención de aprender.

El objetivo no es que lleven a cabo la actividad: es que aprendan con dicha actividad. No te conformes con que hagan, lo que importa es que aprendan mientras hacen.

La pregunta, entonces, que debemos hacerles como docentes y educadores no es: «¿Has hecho la tarea?», sino: «¿Qué has aprendido con la tarea?».

Hoy en día, aunque es una tendencia que va cambiando, muchos docentes se conforman con que en su clase su alumnado esté motivado con el uso del ordenador, pero no se dan cuenta de que el objetivo principal del uso de ese instrumento, que es el aprendizaje, raras veces se logra. Les puede motivar el uso, pero no el aprendizaje. Usar una pantalla no significa que se produzca aprendizaje.

Podemos decir a nuestro alumnado: «Si hacéis la tarea, podéis salir a jugar». Diciendo esto, es fácil que consigamos que hagan la tarea, pero la pregunta es: «¿Motivados para qué?». La motivación que los ha empujado no era aprender, era salir a jugar. ¿Hacer las actividades les ha servido para aprender? La respuesta a esta pregunta en este contexto quizás sea: poco. Tenemos que revisar cómo motivamos en el aula. Motivaciones como la de este ejemplo pueden servir, pero la motivación que hemos de perseguir es la vinculada al aprender. Es decir, el estudiante ha de saber que el objetivo de su trabajo es aprender, y si luego obtiene un premio por ello, pues mejor. Pero tenemos que procurar que sea el hecho de aprender lo que lo motive, más que la recompensa.

Desde un punto de vista motivacional, las metas pueden enfocarse a:

- *Resultado*: hacerlo para conseguir un resultado concreto.
- *Aproximación*: acercarse a un objetivo concreto, como aprobar, conseguir un premio...
- *Evitación*: evitar una reprimenda, un castigo, una burla.
- *Conocimiento*: aprender para saber y progresar.

Es interesante conocer las metas de los jóvenes y estudiantes, a fin de saber más sobre su motivación y de favorecerla, intentando que las metas de conocimiento sean relevantes para ellos, pues generan más capacidad de esfuerzo y trabajo.

La motivación favorece el desarrollo de acciones concretas que te acercan a tu objetivo. Ayuda a aprender, porque te mueve a hacer esas acciones que potencian el aprendizaje: tiempo de dedicación, atención sostenida y esfuerzo para alcanzar tu objetivo. Estar motivado no significa, por tanto, que vayas a saber mejor lo que pretendes aprender. La motivación te lleva a una acción, y la acción te lleva a aprender.

Un aspecto destacable de la motivación que no hay que perder de vista es que se genera y es cambiante. Por consiguiente, siempre existe la posibilidad de modularla, potenciarla, generarla...

Cuál es tu respuesta a esta pregunta: «¿Qué factores influyen en la motivación?». Antes de seguir leyendo, ¿puedes anotarlos en un papel?

Comprueba si coinciden con los que verás a continuación y que están contrastados científicamente. Igual te sorprenden. Recuerda, no son ocurrencias, son evidencias.

## Factores principales que influyen en la motivación

Los factores que influyen en la motivación son muchos y variados. Desarrollaremos los más importantes:

*Interés*
El interés es subjetivo. Es el valor que la persona atribuye al objeto de aprendizaje. Este valor puede surgir desde el interior de la persona y estaría asociado a una emoción como la curiosidad, las ganas del cerebro por saber. También puede aparecer desde fuera, estando determinado entonces, por las consecuencias de conseguir o no conseguir el objetivo de aprendizaje que se pretende.

Con respecto al interés que surge desde el interior, cabe destacar que una parte procede de las experiencias previas de la persona y otra está relacionada con el planteamiento que ella misma y el educador y docente hacen del nuevo aprendizaje. Algunas ideas que debemos tener en cuenta para favorecer el interés del estudiante pueden ser:

- No centrarnos tanto en dar respuestas como en hacer más preguntas. Muchas veces damos respuestas sin haber formulado la pregunta, que es lo que genera interés porque motiva al cerebro a hallar respuestas.
- Proponer tareas o actividades que tengan un nivel adecuado de dificultad, es decir, que no sean demasiado fáciles ni demasiado difíciles. Esto estimula la atención y el aprendizaje. Una actividad en la que el estudiante obtiene un resultado positivo es

para el cerebro una propuesta placentera y produce dopamina, un neurotransmisor potenciador de la motivación, la atención y la creación de nuevas conexiones neuronales, que, a su vez, facilitan el aprendizaje.

Cuando el educador y docente muestra ilusión e interés por lo que enseña, esa motivación se transmite y potencia el interés de los estudiantes. Las neuronas espejo son las que intervendrían en ello. Una pantalla puede informar, pero es el educador y docente quien transmite y educa. No delegues en la pantalla tu magia y vocación.

Entre las motivaciones que pueden considerarse externas, están los premios, las calificaciones, el aprendizaje basado en proyectos, la gamificación, la aceptación del grupo, etc. Todo ello proporciona al estudiante gratificación externa. El cerebro está siempre evaluando lo que la persona hace y, a su vez, la aprobación que el grupo hace de esas acciones. Un aspecto de la motivación viene asociado con que el estudiante muchas veces pone interés movido por las ganas de quedar bien con el docente, con su grupo de compañeros, amigas...

No hemos de olvidar en ningún momento que el interés influye en los resultados, pero es mucha más la influencia de los resultados en el interés. Por ello, es prioritario que los jóvenes y estudiantes tengan con frecuencia la posibilidad de conseguir experiencias de logro y buenos resultados, lo cual les generará interés, que, por su parte, potenciará su esfuerzo, trabajo y aprendizaje. Como indica Héctor Ruiz: «Si el interés es importante para el logro, este lo es aún más para el interés». Por consiguiente, una tarea básica de los educadores y docentes es facilitar que los jóvenes y estudiantes tengan con frecuencia algún logro, a fin de activar su interés por seguir aportando y aprendiendo.

¿Cuánto tiempo hace que alguno de los estudiantes que tenemos en clase desmotivado no consigue algún tipo de logro?

## Estimación

Cuando tenemos que hacer una actividad, lo primero que hace el cerebro, a veces sin que seamos conscientes, es estimar el esfuerzo que es preciso para conseguir realizarla. Ante una actividad, trabajo o propuesta de aprendizaje, el estudiante efectúa dos estimaciones:

1. Cuánto puede costarle alcanzar ese objetivo y el esfuerzo que va a necesitar para ello.
2. Qué posibilidades tiene de conseguirlo con el esfuerzo estimado.

Imagina que vas a hacer unas pruebas físicas y te dicen que tienes que llevar a cabo dos actividades: correr 100 m y correr 5000 m. Antes de hacer las dos carreras, ya estás estimando qué esfuerzo necesitas para acometerlas y qué posibilidades tienes de salir airoso con el esfuerzo que prevés que tienes que invertir. Si tu estimación es positiva, eso te va a generar emociones positivas y es probable que lo intentes y que, además, lo logres. Según sea tu preparación física, así serán tus expectativas.

Si consideras que las actividades están a tu alcance y el esfuerzo que tienes que dedicar no es ni insignificante (correr 1 m) ni demasiado exagerado para tus posibilidades (correr 10.000 m), es muy probable que tu motivación por realizarlas te empuje a intentarlo. Pues lo mismo ocurre con los estudiantes ante una tarea, trabajo o propuesta. De ahí que el docente haya de tener en cuenta:

- Que la actividad no sea demasiado fácil (correr 1 m) ni demasiado difícil (correr 10.000), para que las estimaciones y expectativas del alumno sean las adecuadas y lo motiven a intentarlo.
- Que la preparación previa del estudiante ante esas propuestas sea adecuada en la medida de lo posible. ¿Tú saldrías a correr ahora mismo una carrera de 10.000 m? Supongo que no. Y, si lo hicieses, es probable que tus sensaciones mientras lo intentas disminuyesen mucho las posibilidades y expectativas de intentarlo otra vez. Pues esas sensaciones muchas veces son las que generan los estudiantes ante actividades, propuestas, exámenes o trabajos que el docente les manda sin que su preparación sea la apropiada.

Quizás cuando el docente sabe de sobra que un estudiante no tiene la preparación mínima para intentar superar una prueba, lo mejor puede ser, o bien no hacerla, o bien retrasar su realización o considerar objetivos un poco más ajustados a su nivel actual.

Esto no significa que haya que bajar el nivel; lo que acaso haya que reducir es el ritmo. El tiempo marca la diferencia en educación. Los estudiantes no avanzan al mismo ritmo, igual que en una carrera los participantes no corren al mismo ritmo, pero todos alcanzan la meta, consiguen el mismo objetivo. No pretendamos mismos objetivos en el mismo tiempo. Intentemos alcanzar objetivos en tiempos diferentes. La idea puede ser: planteemos en la clase una carrera de 10.000 como objetivo. Propongamos en medio la posibilidad de ir participando en carreras más cortas, que acerquen al objetivo y que puedan favorecer experiencias de logro a quienes tienen menos capacidad para correr. Intentemos que quienes tengan más capacidades no solo hagan los 10.000, propongámosles una maratón. Marquemos a los estudiantes una distancia mínima y adaptemos la forma de llegar y superarla.

Puedes decir que esto supone mucho trabajo, y es cierto, pero menos que la satisfacción de lograr que tus estudiantes estén motivados y con ganas siempre de llegar y conseguir sus metas, consiguiendo las tuyas.

## Sentirse capaz

En la motivación, tal vez el factor más influyente sea sentirse capaz. Cuando tú sientes que eres capaz de hacer algo, la motivación por hacerlo aumenta; si sucede lo contrario, disminuye. Lo habrás comprobado muchas veces. Por lo tanto, sentirte capaz es un factor decisivo para el aprendizaje.

Igual que el interés, sentirse capaz es algo específico del objeto de aprendizaje. Si una persona se siente capaz de hacer una tarea concreta, es más fácil y probable que consiga hacerla que si es al revés. Un estudiante puede considerarse capaz de alcanzar los objetivos del área de lengua y menos capaz de conseguir los de música. Esta sensación individual del estudiante de sentirse capaz se basa en las creencias que tenga acerca de esa área en concreto. Y esas creencias se basan en las experiencias previas que el estudiante ha tenido en esa área. Por tanto, el factor determinante que va a influir de manera decisiva en la sensación de capacidad de jóvenes y estudiantes es la interpretación de las experiencias previas.

## Interpretación

Las personas tenemos una mochila de creencias de cómo somos y de las capacidades que poseemos para realizar cualquier actividad, trabajo o tarea. Estas creencias se construyen en buena parte a partir de las ideas y aportaciones de las personas significativas que nos rodean. A lo largo de la escolarización un estudiante tiene muchos errores, aciertos, logros… Todos ellos forman parte de su mochila de creencias personales. En casa y en el colegio, al joven le llegan aportaciones, ideas, reflexiones, interpretaciones... de las personas que influyen de manera directa en su vida, y con ellas va consolidando su mochila de experiencias, interpretaciones y creencias que influirá en que se vea a sí mismo de una manera u otra. Según sus creencias, así serán sus motivaciones, seguridades, autoestima y logros.

La respuesta educativa que el educador y docente da a los jóvenes y estudiantes tras una situación de aprendizaje, las consideraciones que les hace llegar ante un error o un acierto, van marcando sus expectativas, sus creencias y su mentalidad. De ese modo, las interpretaciones van conformando la mentalidad de la persona, que puede ser fija o de crecimiento.

Las características de ambos tipos de mentalidades son significativas:

| Mentalidad fija | Mentalidad crecimiento |
| --- | --- |
| Mejor no cometer errores. | Aprendo de mis errores. |
| Escojo lo más fácil, así cometo menos errores. | Si es más difícil, aprenderé más, me esforzaré más. |
| Importa la nota. | Importa más saber hacerlo. |
| Me ayudan, soy torpe. | Con ayuda aprendo mejor. |
| Necesito mucho esfuerzo para conseguir nota. | El esfuerzo es necesario para obtener mejor resultado. |

Es importante ir construyendo una mentalidad que promueva el crecimiento. De esta forma, la motivación será mucho mayor y mejor.

Lo que piensas te condiciona. Los educadores y docentes hemos de educar, tanto como sea posible, las interpretaciones, creencias y mentalidad de los jóvenes y estudiantes a través de nuestras respuestas, interpretaciones, ideas, sugerencias, consideraciones, valoraciones, evaluaciones... Este aspecto tiene mucha más relevancia en las etapas de educación infantil y primaria, que es cuando se consolidan las creencias y la mentalidad. Como ya sabes, la interpretación de lo que haces, ves, vives... viene en un 90 % de tu experiencia y solo en un 10 % de lo que ves.

Las razones que una persona puede atribuir a su rendimiento y que el docente y educador debe explorar y contrastar pueden ser:

- Internas o externas:
  - Internas: habilidad, esfuerzo, etc.
  - Externas: pruebas, ambiente, ruido, entorno, etc.

- Estables o cambiantes:
  - Estables: misma clase, docente, etc.
  - Cambiantes: esfuerzo, habilidad (se puede mejorar), etc.

- No controlables o controlables:
  - No controlables: relación con el profesor, pruebas, etc.
  - Controlables: esfuerzo, tiempo dedicado, etc.

La pregunta que tendríamos que hacerles es: «¿Qué factores piensas que son los que influyen en tus resultados y tu rendimiento?». Y, según sus respuestas, procurar interpretar si es conveniente modular, de una manera más positiva y educativa, lo que el estudiante piensa acerca de su rendimiento y de las circunstancias que rodean su aprendizaje.

Tenemos que enseñar contenidos y, más aún, enseñar y educar lo que contenemos.

Para potenciar la motivación, destacaremos las siguientes propuestas:

- Crear necesidad de aprender un contenido concreto a través de las preguntas.
- Plantear problemas, antes de dar soluciones.
- Escuchar más que hablar. Menos monólogo y más diálogo.
- Explicar para qué va a servir lo que va a ser trabajado.
- Mostrar interés por parte del educador y docente.
- Valorar respuestas, esfuerzos, ideas... de los jóvenes y estudiantes.
- Que todos los estudiantes y jóvenes tengan experiencias de logro. Las actividades en las que el estudiante consigue un buen resultado dan lugar a mejores aprendizajes, al tiempo que favorecen la motivación por seguir aprendiendo.
- Fomentar en los estudiantes y jóvenes expectativas positivas.
- Que los estudiantes aprecien que avanzan.
- Enseñar estrategias de aprendizaje que potencien sus habilidades.
- Ayudar a los estudiantes y jóvenes a interpretar de manera adecuada sus experiencias, sus errores, las ideas de sí mismos, para hacerles sentir que son capaces de conseguirlo.
- Preguntarles por su lenguaje interior, qué se dicen al trabajar, cómo se hablan a sí mismos, para corregir si es erróneo y para potenciar si es adecuado.
- Mantener entrevistas periódicas con los estudiantes, en las cuales el que hable más sea el propio estudiante, es decir, preguntar más que dar respuestas.
- Crear vínculo.
- Hacer evaluación formativa y formadora.
- Utilizar instrumentos de evaluación adecuados y variados.
- Ser consciente de que un buen docente, un buen educador, es un buen motivo para aprender.

La motivación posee una influencia directa en el aprendizaje, lo cual la convierte en un aspecto determinante de este, al facilitarlo y potenciarlo. Algunas ideas básicas sobre el aprendizaje se desarrollan a continuación.

## Aprendizaje

### ¿Qué es aprender?

Puedes responder de forma sencilla, como que aprender es pensar sobre lo que aprendes. Esta acción conlleva hacer conexiones neuronales, lo que favorece, potencia y consolida el aprendizaje. Lo que aprendes tiene que ver con lo que haces con la información que recibes (conexiones, relaciones, analogías, interpretaciones...). Según lo que hagas con esa información, esta pasará a ser conocimiento y ese conocimiento pasará a ser aprendizaje.

Aprendemos destrezas, contenidos y comportamientos.

¿Cuáles son, en tu opinión, las claves de un buen aprendizaje? ¿Qué es lo que influye más en este?

Las claves principales que definen un buen aprendizaje guardan relación con las habilidades propias del estudiante, las técnicas que utiliza para aprender y la motivación. Todas ellas, y de manera especial las técnicas y motivación, son mejorables con la práctica y el trabajo desarrollado entre estudiantes y docentes, de manera que siempre hay mucho trabajo por hacer.

Es cierto que las habilidades del estudiante están relacionadas con su base genética, pero es fácil darse cuenta de que, si una persona desarrolla mejores técnicas y más estrategias de aprendizaje, sus habilidades se verán mejoradas y potenciadas, pues la plasticidad cerebral siempre nos permite aprender y progresar.

## Propuestas para el docente

**1. Mover conocimientos previos**

Activar conexiones neuronales antes de comenzar a aprender algo nuevo. Es decir, conseguir conectar orillas, construyendo los primeros puentes, entre los conocimientos nuevos y los previos. Esto puede conseguirse con una actividad sencilla como que los estudiantes den respuesta en clase a esta pregunta antes de una explicación: «¿Qué sabemos de…?».

También va a favorecer el aprendizaje posterior darles motivos por los cuales es interesante contar con el nuevo aprendizaje que el docente les propone y dar respuesta a preguntas como: «¿Para qué aprender esto?», «¿qué utilidad puede tener?», etc. Se trata de no explicar, leer o trabajar enseguida lo que toca, ni de leer rápido el contenido. Lo importante es hacer reflexionar, formulando preguntas que despierten curiosidad, antes que dar respuestas.

**2. Conectar**

Tenemos que elaborar conexiones. Si en las actividades anteriores el docente mueve conexiones, ahora se trata de elaborarlas, para hacer más sólido el aprendizaje. Se puede promover el aprendizaje activo a través de:

- Analogías y comparaciones.
- Captando el interés que muestra el docente, que activa, y mucho, la curiosidad. No consiste en llegar a clase y conectarse a una pantalla, sino de conectarse con las miradas, gestos, emociones, elogios, valoraciones, preguntas…
- El fomento de buenas expectativas entre los estudiantes. Que noten que pueden alcanzar resultados positivos.

- Un ambiente relajado, donde el error no importa, pues se corrige y se aprende, y se valoran los logros y esfuerzos.

## Estrategias y técnicas que conviene enseñar a los estudiantes

### 1. Evocar

Cambiar la acción de repetir por la de evocar es fundamental.

Muchos estudiantes, como hemos hecho muchos de nosotros, repiten, leen y releen hasta que memorizan los contenidos. Pero hay una manera mejor de aprender, que es consiguiendo aprendizajes más sólidos y duraderos. Se trata de evocar.

Evocar consiste en leer una o dos veces lo que quieres aprender e intentar evocarlo sin mirar lo leído. De ese modo, el esfuerzo cognitivo que realizas para recordarlo consolida el aprendizaje posterior. Una vez intentado, vuelves a mirar la fuente de información y vuelves a intentar evocar. Se trata de sacar de dentro hacia el exterior, no al revés, como cuando relees, que es del exterior hacia dentro. Evocar, además de consolidar aprendizajes, te permite saber lo que no sabes y centrar mejor tu esfuerzo. Al evocar, el cerebro interpreta que eso es importante y fija mejor ese aprendizaje.

### 2. Espaciar

Es mejor estudiar en bloques de tiempo espaciados que mucho tiempo seguido. Es algo que los estudiantes saben pero que no practican. Da mejores resultados estudiar una hora durante cuatro días que un día cuatro horas seguidas.

Sobre los contenidos, se puede optar por la práctica en bloque o por la entrelazada.

Imagina que tienen que estudiar lengua, música y matemáticas. Estudiar en bloque consiste en estudiar lengua y ponerte a hacer actividades de lengua; estudiar música, hacer actividades de música; y lo mismo con matemáticas. Se estudia por bloques aislados.

La práctica entrelazada se basa en que el cerebro, cuando ha pasado un tiempo y tiene que recuperar lo que sabe, al hacer ese esfuerzo cognitivo lo aprende y consolida mejor. Si tienes que estudiar las mismas áreas anteriores, consistiría en estudiar lengua, luego música, después matemáticas. Una vez estudiadas, practicar con actividades A, luego B y al final C.

Proponer y enseñar en clase estas ideas mejorará mucho el aprendizaje y los resultados de nuestro alumnado.

## Memoria y atención

### ¿Memorizar es aprender?

Memorizamos hechos, ideas, hábitos, habilidades, contenidos, procedimientos… Cuando memorizamos, conectamos, asimilamos y reconstruimos. Reconstruir significa que, cuando aprendemos algo nuevo, lo que hacemos es asociarlo con lo que ya sabemos. La mayoría de lo que aprendemos es seminuevo, pues de lo nuevo algo ya sabíamos. El cerebro es reconstructivo. Cuanto más sabes de un tema, más fácil te resulta aprender algo nuevo sobre ello, dado que tienes más conexiones hechas, lo que favorece el aprendizaje posterior.

Aprender, memorizar, cambia el cerebro. La memoria puede considerarse como la facultad que posee el cerebro de modificarse a través de experiencias y acciones adaptando las respuestas.

La memoria trata la información de manera distinta según las conexiones previas: cuantas más conexiones, mejor memorización y aprendizaje. Los conocimientos previos y las emociones que se generan en el momento del aprendizaje y las emociones asociadas a esos aprendizajes en situaciones anteriores pueden ser un obstáculo o un puente para el aprendizaje. Ya vimos que el cerebro es un gran asociador. Si el estudiante asocia emociones como el miedo a algunas situaciones educativas, más tarde, en situaciones posteriores o contextos parecidos, puede surgir ese temor, que dificultará el aprendizaje.

En cambio, si el alumno tiene asociadas emociones positivas en su experiencia con el aprendizaje de una área concreta, un docente, una actividad, una clase en concreto…, sus aprendizajes serán óptimos y duraderos, puesto que las emociones positivas mejoran los resultados y predisponen más a aprender. Asimismo, estas emociones positivas las va a generalizar a situaciones similares, potenciando de igual modo el aprendizaje.

Tenemos muchas clases de memoria: episódica, semántica, etc. Pero nos centraremos en la memoria de trabajo.

Si ahora te digo: «Piensa en un perro», a tu memoria de trabajo le ha llegado la idea de un perro, que puede ser tu mascota, el que te gusta, etc. Si te digo: «Ponle un color determinado, unas características concretas (piel de vaca)», tu memoria de trabajo puede manipular la información que tiene del perro a su antojo. Ese espacio donde sostienes la información y la manipulas, donde también imaginas y conectas los nuevos aprendizajes con los que ya tenías, es tu memoria de trabajo. Cuando alguien te pregunta: «¿Qué piensas?», te está preguntando: «¿Qué tienes en tu memoria de trabajo?». La memoria de trabajo es la que conecta la información del exterior que viene de los sentidos con la memoria a largo plazo. Por consiguiente, toda la información pasa por la memoria de trabajo, y de ahí su importancia. La información que sostiene la memoria de trabajo se denomina *carga cognitiva*.

Se ha de tener en cuenta que la memoria de trabajo es limitada. Mantener una información en ella durante un tiempo largo no es fácil. La complejidad de la información supone una dificultad importante. Puedes hacer con facilidad la multiplicación de 23 × 5, pero notas más fatiga al hacer 2378 × 5 o, quizás, 23 × 54, aunque también puedas hacerlo. Demasiada información también dificulta el rendimiento de la memoria de trabajo y las conexiones posteriores. Las distracciones del exterior (ruidos, movimiento, etc.) y las distracciones internas («me gusta el abrigo que se ha comprado mi amigo», «luego tengo clase de música»...) que el propio cerebro genera representan un obstáculo en su trabajo.

## Pautas que favorecen la actividad de la memoria de trabajo

- Espaciar aprendizajes. Dejar tiempos entre explicaciones o tareas que conlleven nuevos aprendizajes. Muchas veces, más despacio es igual a más rápido en educación.
- Dosificar aprendizajes, menos cantidad se asimila mejor. Más veces y con menos cantidad de información o conocimientos, mejor que menos veces con más cantidad de información.
- Activar conocimientos previos, pues favorece las conexiones.
- Comparar.
- Decir analogías, consecuencias, asociar.
- Pensar en lo que aprendes es una actividad que potencia mucho la memorización, supone un aprendizaje activo.

La memoria está vinculada a la atención.

## La atención, o priorizar estímulos

La atención es la que te permite estar leyendo este texto ahora mismo. La atención escoge la información que entra y se mantiene en la memoria de trabajo, priorizando estímulos. Saber enfocar la atención en una actividad concreta favorece el rendimiento, de forma que se generan mejores resultados. La capacidad para mantener la atención en una tarea ignorando distracciones recibe el nombre de *control inhibitorio*. Ahora, mientras lees, tu control inhibitorio puede estar trabajado del siguiente modo:

- Ignora estímulos: como el tacto de la silla, el ladrido de un perro, etc.
- Frena respuestas: si te suena el móvil, un ruido, etc.
- Ignora ideas: «Tengo que poner una lavadora», «¿se enfadó el compañero por lo que dije?».

Los estímulos que distraen la atención pueden ser internos y externos. Los que tienen mayor influencia son los que genera el propio cerebro, pues este siempre está proponiendo ideas.

Poner atención en lo que hacemos es prioritario para aprender.

### Ideas para favorecer y potenciar la atención

- Hacer primero preguntas y luego explicar. Las preguntas generan curiosidad y esta potencia la atención.
- Estructurar la clase con un guion en el cual tengamos en cuenta que lo primero que trabajemos en clase y lo último es lo que tiene más posibilidades de ser mejor asimilado por los estudiantes.
- Conviene que las actividades propuestas estén cerca de su zona de desarrollo próximo, es decir, que no sean demasiado difíci-

les ni demasiado fáciles. Hacer una propuesta variada de actividades, aunque dé más trabajo al docente, favorece el desarrollo atencional y el aprendizaje. Es la idea contraria a proponer la misma actividad para toda la clase. Los contextos de aprendizaje que favorecen las oportunidades de logro potencian más la atención y el interés.

- Se ha de intentar centrar la atención de manera habitual en actividades sencillas y cotidianas como comer, lavarse, preparar la mochila y numerosas actividades que hacemos mientras tenemos puesta la atención en otras ideas. La atención tiene que estar centrada en el ahora, no en algo pasado o futuro. Si enseñas a tu atención a estar en el ahora mientras realizas actividades diarias, facilitas el camino para que se enfoque mejor en las actividades de trabajo y, además saboreas, más las actividades que estás haciendo. ¡Compruébalo!

- En relación con la idea anterior, cuando meditas intentas que las ideas que propone tu cerebro no te distraigan. Para ello, cuando una idea te distrae, intentas volver con tu atención al foco inicial (que puede ser la respiración). Con estos movimientos de tu atención, y con el trabajo y esfuerzo que realizas para mantenerla («ahora me distraigo en una idea o acción, ahora cambio al foco atencional, ahora me centro en la idea inicial», volviendo a distraerte y centrarte una y otra vez), estás favoreciendo y potenciando tu propio control sobre la atención. Por ello, cuando llevas un tiempo practicando la meditación, notas que tu atención mejora en todas las actividades que llevas a cabo, pues eres más capaz de mantener el foco atencional. La meditación favorece la aparición de las ondas alfa, que son las que potencian y facilitan la atención.

- Ten en cuenta que las pantallas dificultan la atención por varios motivos. El ritmo acelerado con el que aparecen los estímulos provoca que la atención, en lugar de centrarse, tienda a dispersarse. La velocidad de las respuestas que proporcionan las pantallas y, a su vez, la velocidad de respuesta que exigen son incompatibles con el tiempo que tienes que dedicar después a centrar la atención en actividades específicas de trabajo. La pantalla mejora la habilidad de captar estímulos exteriores, pero ocurre al revés cuando son ideas y estímulos internos, que son los importantes y los necesarios para realizar buenos trabajos, actividades, tareas… y conseguir buenos resultados.

Las evidencias científicas ya están demostrando que la comprensión lectora es mejor en papel que en la pantalla. La comprensión de conceptos es óptima cuando se toman apuntes a mano, en papel, en contraste con cuando se hace a través del teclado. La información llega de una manera más superficial cuando se interacciona con una pantalla que cuando se hace en papel. El aprendizaje, en definitiva, se consolida mejor en papel.

Como ya sabemos, nuestro cerebro es un gran evaluador. Continuamente está evaluando y analizando información. Ello le permite conocer mejor el entorno y generar respuestas adaptativas a este. La evaluación, por tanto, es muy importante para el cerebro. En el ámbito escolar, la evaluación juega un papel decisivo.

# Capítulo 4

# *La evaluación*

## La evaluación es parte del aprendizaje

Antes de seguir leyendo, puedes contestar a esta pregunta: ¿qué es la *evaluación*?

Si se lo preguntases a tus estudiantes en clase, ¿qué te dirían ellos sobre qué es la evaluación?

Haz la prueba en el aula, pregúntales: «¿Qué es o qué te sugiere la palabra *evaluación* cuando la oyes?». Anota las palabras que vayan surgiendo, quizás el resultado te sorprenda.

La evaluación forma parte del aprendizaje. En ella confluyen muchos factores y, sin duda, genera múltiples emociones, tanto entre los estudiantes como entre los docentes. En los primeros, la mayoría de las sensaciones y emociones que suscita tienen que ver con los nervios, la frustración y el miedo, lo cual nos puede indicar que ya antes de ser evaluados están condicionados por lo que piensan de la evaluación. Además, los estudiantes, en un porcentaje muy elevado, relacionan enseguida la evaluación con las notas y la calificación. Es decir, la mayoría estudian, se esfuerzan y trabajan para conseguir una nota aceptable, viéndose obligados a gestionar emociones incómodas, que no favorecen un buen aprendizaje. La evaluación, desde este punto de vista, presenta más inconvenientes que ventajas. Algo tenemos que hacer los docentes para darle la vuelta a la perspectiva que tienen los estudiantes sobre este tema, y es tarea nuestra hacerlo con miras a favorecer y potenciar en ellos mejores aprendizajes y resultados, mayor rendimiento. La evaluación, por consiguiente, ha de generar sensaciones y emociones más positivas, que son las que contribuyen a fortalecer el vínculo, a un mejor ambiente de trabajo, a la vez que potencian el esfuerzo y la consecución de objetivos. La evaluación condiciona en gran medida el aprendizaje de los estudiantes. Por este motivo, todos los esfuerzos que invirtamos en mejorarla tendrán una incidencia directa en el aprendizaje y la educación.

Por otro lado, cuando se pregunta a los docentes por la evaluación, tampoco les sugiere emociones y sensaciones agradables. Muchas veces les parece poco justa, les provoca tensión y desasosiego, y suelen asociarla con la calificación, como si esta fuese lo más importante de la evaluación. Ante esta situación, hemos de modificar y mejorar muchos aspectos de la evaluación. A continuación, desarrollaremos algunos de ellos con el objetivo de favorecer este cambio.

Es importante considerar esta idea: cómo evalúas determina cómo aprenden tus estudiantes. Por ello, todos los esfuerzos que dirijamos a mejorar la evaluación tendrán un efecto directo en el aprendizaje.

Cuando oímos la palabra *evaluación*, es usual relacionarla casi de manera instantánea con la acción de *calificar*. Pero la evaluación es mucho más que eso. Quizás, si le cambiamos el nombre por *valoración*, comprenderemos mejor su significado, pues, como veremos más adelante, evaluamos para contrastar, mejorar, tomar decisiones y aprender.

No consiste en *calificar de manera continua*, se trata de *evaluar de manera continua*.

## Aspectos que conviene tener en cuenta sobre la evaluación

La evaluación tiene dos dimensiones:

- *Social*: está relacionada con su carácter más competitivo y seleccionador. Los niveles laborales que marca la sociedad se consolidan desde las calificaciones, certificados y títulos académicos que genera la evaluación.
- *Pedagógica*: esta es una dimensión más formadora, centrada en el aprendizaje y el *feedback*. Esta dimensión puede ser, además:

  - *Formativa*: cuando el docente es más protagonista del *feedback* y la regulación del aprendizaje del estudiante.
  - *Formadora*: cuando el estudiante es el protagonista de su propia regulación. El objetivo es que el alumno sea autónomo y capaz de evaluarse y de aprender por sí mismo.

Algunos de los objetivos centrales de la evaluación son:

- Razonamiento: resolución de retos, problemas, argumentación, uso del método científico, estrategias cognitivas que utiliza y desarrolla en sus razonamientos, comprensión y toma de decisiones.
- Competencias y destrezas: trabajo en equipo, capacidad para transferir aprendizajes, búsqueda de información, manejo de la

adversidad, uso de nuevas tecnologías, habilidad para resolver conflictos.

- Interés en aprender, ser mejores personas, ayudar.
- Promover y potenciar hábitos de trabajo.

La evaluación puede considerarse, además, como *sumativa*, cuando certifica, y *formativa* y *formadora*, cuando regula aprendizajes y pretende que el estudiante mejore estrategias y resultados, y que aprenda.

Nos centramos, a continuación, en la evaluación formativa y formadora.

## Evaluación formativa

El estudiante no aprende solo para ser evaluado: *es evaluado para aprender*. Esta frase resume muy bien la idea principal de la evaluación formativa.

Una pregunta para la reflexión docente: ¿es lo mismo aprobar que aprender?

La evaluación cuyo objetivo principal es el aprendizaje es la llamada *evaluación formativa* y contribuye de manera decisiva a la mejora, desarrollo y optimización de este. El docente no solo comparte conocimientos, va mucho más allá: desarrolla y consolida saberes, estableciendo un *feedback* permanente con su alumnado, que le permite:

- Aprender de sus errores. El docente ayuda a corregir los errores al estudiante, y es este quien los corrige para que así se produzca su aprendizaje.
- Mejorar en su manera de aprender a través de las preguntas. Preguntarles sobre cómo trabajan, cómo gestionan los

esfuerzos y emociones que surgen al hacer su trabajo, cómo aprenden… son preguntas básicas en la evaluación formativa. Este aspecto está relacionado con la competencia de aprender a aprender, y tiene mucho que ver con la metacognición.

- Favorecer, desarrollar y potenciar su ritmo de aprendizaje.

La evaluación formativa tiene muy en cuenta aspectos como:

- Dar siempre *feedback*.
- Facilitar y potenciar el interés del estudiante por evaluarse a sí mismo, así como favorecer la coevaluación como complemento y mejora del aprendizaje.
- Estimular la metacognición y aprender a aprender, pues estas acciones tienen un papel importante a la hora de favorecer y potenciar el aprendizaje de los estudiantes.
- Promover y facilitar que los estudiantes conozcan los objetivos y los criterios de evaluación, así como las expectativas del docente con respecto a su área de conocimiento y aprendizaje.
- Generar un espacio de confianza en el cual el error es parte natural en el aprendizaje.
- Contemplar la idea de que, si compartes lo que sabes, ya es tuyo, por lo que a los estudiantes hay que facilitarles oportunidades de exponer y compartir lo que intentan aprender.
- Generar con insistencia oportunidades de logro entre el alumnado para estimular el interés y la motivación por aprender.
- Utilizar instrumentos de evaluación variados para guiar y potenciar el aprendizaje.
- Promover coherencia con los valores, pues las decisiones condicionan. No pretende mostrar el poder del docente, como con frecuencia ocurre. ¿Usas la evaluación para mostrar tu poder, o bien el poder de la evaluación para mostrarles que pueden?

La evaluación formativa tiene un importante componente de aprobación interna del estudiante. No solo cuenta el componente de aprobación externa que genera el docente: el estudiante, en la evaluación formativa, tiene mucho que decir. Con un ejemplo se entenderá mejor.

Has observado que, cuando una niña o un niño en Educación Infantil enseña al docente un dibujo o actividad que ha hecho con mucho interés, lo primero que le dice es: «¡Mira…!». En cambio, si el dibujo o actividad lo hace en Educación Primaria, lo primero que dice a su maestro es: «¿Te gusta?». Entre el verbo que utiliza el estudiante la primera vez con respecto al que usa la segunda hay una enorme diferencia. Si te das cuenta, en la primera, la palabra *mira* está diciendo: «Esto lo he hecho yo, mira cómo trabajo, cómo coloreo, a mí me gusta…». Lo que el estudiante piensa sobre su trabajo cuenta, y mucho, para él; luego le gustará oír la opinión de su maestra, pero de momento la suya cuenta. En cambio, cuando en Educación Primaria el estudiante dice a su profesor: «¿Te gusta?», algo ha cambiado. Ahora le importa más lo que el docente piense que la idea que él mismo tenga de su trabajo. ¿Qué ha producido este cambio?

Uno de los aspectos fundamentales tenemos que centrarlo en las respuestas del docente. Cuando el alumno de Educación Infantil dice: «¡Mira!», si la respuesta ha sido la mayoría de las veces algo así como: «¡Qué bonito, cómo me gusta…!» o similar, el alumno nota que lo importante es que le guste al profe, que su trabajo tiene valor en la medida en que a este le gusta. Y, según van avanzando los cursos, importa menos hacerlo como a él le guste, pues lo que cuenta es ajustarse a los criterios, exigencias y preferencias del docente. Como vemos con este ejemplo, la respuesta del profesor es la evaluación; siempre estamos evaluando cuando damos una respuesta. Hemos de ser conscientes de que, en la evaluación, la respuesta del docente no es la única importante, también cuenta mucho la opinión del alumnado, la suya propia y la de sus compañeros. Por eso, las respuestas que el docente puede dar podrían ser algo así como: «A ver, ¿qué te parece a ti el dibujo?», «¿Cómo lo has hecho?», «¿Qué te gusta más de este trabajo?», ¿«Qué te ha costado más?», etc., y luego añadir su opinión personal, pues, si dice su opinión antes, es fácil que condicione la del alumno. Estas respuestas otorgan valor a la opinión del niño y facilitan su propia evaluación, promoviendo su interés por aprender y mejorar su valoración como estudiante, y potenciando su autoestima.

Con este ejemplo vamos a adelantar algunas diferencias entre *evaluación* y *evaluación formativa*:

| Evaluación habitual | Evaluación formativa |
| --- | --- |
| ¡Qué bien! | ¿Cómo va quedando tu trabajo? |
| Me gusta, ¡buen trabajo! Tienes que corregir esto. | ¿Qué valoras más de tu trabajo? ¿Qué te ha costado más? |
| No lo tienes bien. | ¿Cómo lo has conseguido? |
| Te has esforzado poco. | ¿Cómo has trabajado esto? |
| Repítelo. | ¿Puedes hacerlo mejor? ¿Cómo lo harías? Para mejorar, tienes que… |
| Estudia más para el siguiente examen. | ¿Qué cambiarías para mejorarlo? |
| | ¿Qué quieres decir con…? |
| | ¿Qué puedes hacer para avanzar? |
| | ¿Qué propuesta de mejora tienes? |

La evaluación formativa se basa en preguntas, con la invitación, siempre, de que el estudiante dé una respuesta, más tarde completada con la opinión y la valoración del docente. Es importante hacer preguntas que hagan pensar y que, a su vez, favorezcan una explicación. Estas preguntas suelen estar formuladas con un: «¿Cómo...?».

Para favorecer un mejor rendimiento, es crucial que el docente se interese y conozca desde un primer momento cuál es la experiencia que tiene su alumnado en su área de conocimiento concreto. Para el alumno, todas las áreas llevan detrás un aprendizaje, marcado por errores, aciertos, fracasos, logros, experiencias e interpretación de esas experiencias. Según sean las interpretaciones de las experiencias, así será la relación y la motivación del estudiante con respecto al área en concreto. Por eso, desde un primer momento, el docente ha de hacer preguntas a sus estudiantes como:

¿Qué significa para ti, esta área?

¿Qué expectativas tienes?

¿Qué posibilidades ves?

¿Te sientes capaz de aprender, de conseguir los objetivos, de conseguir resultados positivos?

No podemos pretender que un estudiante tenga un buen rendimiento en el área si llega con experiencias previas e interpretaciones que pueden frenar su motivación e interés por aprender. Por ello, preguntar antes cuáles son sus experiencias concretas en el área y cómo las interpreta, para ayudarlo a obtener un mejor rendimiento, va a favorecer su desarrollo cognitivo y emocional, mejorando en gran medida su aprendizaje. Una tarea prioritaria del docente es, por tanto, desde el primer momento, hacer sentir capaces a sus alumnos, haciéndoles ver y comprobar que pueden alcanzar sus objetivos intentando reconducir experiencias previas del área que no sean positivas.

La evaluación formativa necesita tiempo, pero está comprobado que es un tiempo bien invertido. No consiste meramente en que sepan la nota, consiste en valorar los motivos de esa nota, junto con el esfuerzo y el trabajo que lleva detrás, lo que están trabajando bien, lo que es susceptible de mejora y con qué acciones concretas se puede mejorar.

La evaluación, como sabemos, tenemos que hacerla en diferentes momentos. Teniendo en cuenta esta idea, concretamos, a continuación, estos momentos en los cuales la evaluación merece un espacio y un tiempo concretos:

1. *Momento inicial*, para comprobar dónde hay que comenzar a enseñar una vez conocidos los niveles de conocimiento de los estudiantes.

2. *Pausa formativa*, que es un momento intermedio para conocer, comprobar, comprender y poder regular enseñanzas y aprendizajes. Con respecto al estudiante, mientras enseñamos contenidos, para comprobar qué es lo que no ha interiorizado de manera adecuada y puede dificultar aprendizajes posteriores y qué puede ayudarle a mejorar. En cuanto al docente, por sí es conveniente modificar y mejorar la secuenciación y avance de los contenidos, actividades o metodología para obtener mejores resultados. Este momento intermedio proporciona mucho margen de mejora, pues el *feedback* del docente favorece la regulación del aprendizaje al estudiante, lo cual producirá mejoras en su rendimiento posterior.

    Cabe destacar que este momento intermedio tiene que estar relacionado con el momento inicial anterior. Porque, a veces, hacemos la evaluación inicial y no la usamos para mejorar.

3. *Conclusiones*: son el momento en el que se tiene que potenciar y favorecer el diálogo, cuando se exponen y comentan las dificul-

tades, los errores y las soluciones encontradas, la metodología empleada y la manera en que el estudiante ha planificado su trabajo, destacando, asimismo, aspectos metacognitivos. No hace falta que culmine con una nota, dado que lo importante es aprender de la experiencia de aprendizaje y el camino recorrido.

## Acciones básicas que tiene que considerar la evaluación

1. Recoger datos o evidencias
Es interesante cambiar la forma de recoger los datos, pues no siempre ha de ser por medio de un examen. Además, la prueba utilizada para recoger estos datos ha de ajustarse a los objetivos.

2. Analizar
Se trata de analizar los datos para comprobar:

- Lo que saben los estudiantes.
- Lo que no saben.
- Los motivos de no saberlo.

3. Interpretar
Se ha de interpretar a través de las preguntas.

¿Cómo lo haces? ¿Cómo lo hago?

¿Cuál es el motivo de hacerlo así?

En este punto, las preguntas son cruciales, ya que han de generar ideas nuevas y aprendizajes, tienen que hacer pensar y generar conocimiento al estudiante sobre cómo aprende y cómo planifica, para, de este modo, contribuir a su autorregulación.

Los docentes tendemos a dar más respuestas que a preguntar; sin embargo, preguntando es cómo mejor favorecemos la reflexión, motivación, interés y crecimiento de los estudiantes. Además, solemos dar respuestas de inmediato, sin preguntar antes al alumno cuáles son los motivos de la suya. De ahí que sea importante tener en cuenta que, antes de dar una respuesta al alumno para corregirlo, conviene preguntarle antes las razones que él tiene para dar la suya. De esta manera, el docente favorece la comprensión del posible error que el estudiante haya podido cometer y la interpretación de este, posibilitando que su respuesta esté más centrada y acorde con los aspectos concretos que deba mejorar. Simplemente corregir no genera aprendizaje. El aprendizaje se genera cuando sabes el motivo y el porqué de lo que hay que corregir. No se ha de recurrir tanto al monólogo, sino facilitar el diálogo. El intercambio es más productivo que el cambio.

En este apartado, es importante preguntarnos como docentes si nuestra metodología, planificación y secuenciación de contenidos y actividades son susceptibles de mejora.

## 4. Tomar decisiones

No significa un stop en el aprendizaje y empezar nuevos contenidos. Es recomendar, reflexionar con el estudiante sobre cómo hacerlo mejor. Escuchando sus propuestas de mejora y compartiendo las del docente. No consiste solo en poner notas al margen o decir observaciones genéricas: «Has puesto poco interés, tienes que estudiar más», «has trabajado poco», etc. Las observaciones tienen que servir al estudiante para decirle cómo mejorar en aspectos concretos de su tarea o trabajo. Tampoco se trata de decirle: «Haz esto», pues, además, hay que decirle cómo hacerlo.

No es decirle que el resumen está regular y que lo haga otra vez, sino decirle cómo hacerlo mejor. El objetivo no es hacer la tarea, es lo que va a aprender haciendo esa tarea. Muchas veces nos conformamos con que las tareas estén hechas, lo cual no es sinónimo de que hayan aprendido algo.

En la toma de decisiones, se ha de tener en cuenta:

- Autoevaluación, es decir, las decisiones y propuestas de mejora del propio estudiante,
- Coevaluación, esto es, decisiones y propuestas de mejora por parte de los compañeros de equipo.
- Evaluación, decisiones y propuestas de mejora del docente.

El objetivo de la autoevaluación es que el estudiante sea más protagonista de su aprendizaje y aprenda a regularse, ganando autonomía.

El objetivo de la coevaluación es que los estudiantes valoren e intercambien información sobre el trabajo de sus compañeros para promover aprendizajes, ayudarlos a corregir y a mejorar, explicarles estrategias… El objetivo no es calificar. La coevaluación entre estudiantes es la evaluación formadora. Esta evaluación tiene mucha importancia, pues el *feedback* que comparten es muy significativo, ya que, entre ellos, el lenguaje, la motivación y emociones son distintas a cuando el *feedback* proviene del docente. La evaluación formadora debería ser habitual en clase. Aporta una perspectiva distinta al estudiante y favorece la comunicación, el interés y el aprendizaje. Poner en común estrategias, criterios, ideas, consejos, técnicas, reflexiones… entre iguales abre nuevas y variadas posibilidades para la formación y el aprendizaje. La evaluación formadora tiene mucha influencia en la interpretación y en la toma de decisiones, porque el punto de vista de un compañero aporta un *feedback* muy interesante, complementando, en gran medida, el del docente. La evaluación formadora, por tanto, es un gran complemento de la evaluación formativa.

La diferencia entre evaluación formativa y evaluación formadora está en que en la evaluación formativa es el docente quien toma la mayoría de las decisiones, mientras que en la evaluación formadora es el estudiante el que toma la mayoría de las decisiones para regularse y mejorar. Si en la evaluación formativa el estudiante pregunta al docente: «¿Y ahora que tengo que hacer para mejorar y cómo lo hago?», en la evaluación formadora esa misma pregunta se la formula a sí mismo el propio estudiante.

5. Transferir y aplicar lo aprendido
El auténtico aprendizaje se produce cuando el alumno es capaz de transferir y aplicar lo aprendido a nuevas situaciones. El estudiante, a través de actividades, propuestas y preguntas que sean interesantes e innovadoras, ha de saber relacionar contenidos y demostrar que sabe generalizar lo que ha aprendido a situaciones concretas de la vida. Una forma de comprobar si el estudiante sabe transferir aprendizajes es que enseñe lo que sabe a sus compañeros. Cuando eres capaz de enseñar lo que sabes, es que lo has aprendido.

## Aspectos de la evaluación formativa que favorecen la regulación del estudiante

1. Conocer los objetivos
Antes de comenzar a trabajar cualquier tema o llevar a cabo cualquier tarea o actividad, es importante que los estudiantes conozcan y dialoguen con el docente sobre los objetivos que tienen que conseguir. En este sentido son interesantes preguntas como:

¿Qué interés tiene para nosotras trabajar esto?

¿Qué vamos a aprender? ¿Qué utilidad futura pueden tener estos aprendizajes? ¿Para qué sirven?

El cerebro, cuando sabe para qué le va a servir lo que va a hacer, cuando ve una utilidad en lo que va a gastar su energía, está mucho más predispuesto a aprender.

Conviene que estos objetivos tengan las siguientes características:

- Ser dinámicos: que puedan cambiarse en un momento determinado.
- Ser competenciales: que activen y movilicen competencias.
- Ser transferibles: que favorezcan nuevas situaciones de aprendizaje.
- Ser pocos.
- Ser evaluables.
- Estar consensuados con los estudiantes.

## 2. Planificación

Planificar las actividades o proyectos antes de hacerlos genera estrategias propias que ayudan al estudiante a mejorar su rendimiento. Valorar solamente el resultado refuerza el interés por la nota, no por su esfuerzo, el trabajo y el aprendizaje. Por ello, conviene que el docente valore más la planificación y las estrategias que utiliza el estudiante.

Valorar la planificación supone permitir y favorecer que los estudiantes piensen sobre sus propias estrategias de elaboración, desarrollo y presentación de trabajos. No se trata de hacerlo y ya está, se trata de que dediquen un tiempo a reflexionar sobre cómo pueden hacer mejor el trabajo. El docente tiene mucho que decir-

110

les, pues los estudiantes dedican poco tiempo a esta tarea concreta, y necesitan que los guíen y que les enseñen posibilidades.

La planificación hay que tenerla en cuenta al principio y a mitad del desarrollo de la actividad, proyecto o trabajo. Inicialmente, para concretar y escoger estrategias y metodologías de trabajo que favorezcan el aprendizaje y los logros de los estudiantes. Y, en el segundo momento, para dar el *feedback* necesario para reconducir errores, potenciar aciertos, resolver dudas y facilitar la consecución de objetivos y buenos resultados.

La planificación debe ser individual. Es el estudiante el que hace su propio guion, según sea su manera de aprender, aunque el docente y los compañeros de clase puedan revisarlo y contrastarlo para aportar sugerencias.

3. Criterios de evaluación

Saber lo que el docente va a evaluar y cómo va a hacerlo es importante para conseguir un mejor rendimiento de los estudiantes.

No basta con que los estudiantes copien los objetivos y criterios de evaluación: la idea es hablar de ellos en clase, comentarlos, preguntarles su opinión y permitirles hacer aportaciones. Si participas en algo, te centras más en ello y aumenta tu interés, lo cual favorece el aprendizaje.

El mejor modo de hacerlos partícipes de su aprendizaje es valorando sus opiniones y aportaciones desde el inicio. De esta forma, los criterios de evaluación les pueden servir como hoja de ruta en su aprendizaje, al disponer de una guía de lo que el docente espera que aprendan. La rúbrica y las listas de verificación son instrumentos de evaluación que favorecen mucho este aspecto en concreto.

Es importante que estos criterios sean pocos y estén definidos con un vocabulario sencillo y adecuado. Las preguntas que sugiere esta actividad desde el punto de vista del docente serían: «¿Qué voy a evaluar? ¿Qué tienen que aprender?»; y, desde la perspectiva del estudiante: «¿Qué tenemos que aprender?».

Destacada la importancia de la regulación del estudiante centrada en estos aspectos, nos vamos a centrar en un elemento imprescindible de la evaluación formativa y formadora, como es el *feedback*.

El *feedback*:

- Corrige
- Informa
- Potencia y favorece el diálogo

El *feedback* es intercambio de información a través de las preguntas del docente y de los compañeros de clase. Muchas veces son más importantes y generan más aprendizaje que la inmediatez de las respuestas del docente.

El *feedback* tiene que ayudar al estudiante a conocer y corregir las causas de sus errores, no solo cuando ya ha completado la tarea. Por eso, es conveniente aportar *feedback* en el medio de esta (parada intermedia). Por este motivo, se han de programar las tareas o trabajos con plazos intermedios para irlos revisando; de este modo, se facilita que pueda darse *feedback* por parte del docente y entre iguales, a fin de mejorar las producciones.

Algunas preguntas básicas en este apartado de la evaluación formativa y formadora están relacionadas con la parada intermedia:

¿Qué estamos aprendiendo? ¿Qué hemos aprendido?

¿Cómo lo estamos aprendiendo? ¿Cómo lo hemos aprendido?

¿Qué errores has tenido? ¿Cuáles son las causas de esos errores? ¿Cómo puedes mejorarlo?

Son importantes las preguntas de síntesis, encaminadas a intentar recoger lo más relevante que se ha trabajado hasta el momento. Estas preguntas tienen que hacerse con frecuencia mientras se realizan las actividades, con vistas a favorecer la consolidación y asimilación de los aprendizajes, y la planificación de los estudiantes. El alumno tiene que comparar lo que sabía antes con lo que sabe ahora, para darse cuenta de lo que va aprendiendo. Y el docente ha de facilitar esta comparación a través de sus preguntas y valoraciones.

La evaluación formativa es como cocinar. Mientras preparas un buen plato, ha de ir probando cómo va el sabor, para ir cocinando el guiso según necesite, pues el resultado es mejor que si esperas a que el plato esté ya elaborado, porque entonces ya no es fácil mejorarlo y tendrías que repetirlo. Con el trabajo de tus alumnos pasa igual, si tus valoraciones y apreciaciones a cerca de su trabajo, las haces cuando ya está hecho, no das posibilidades de mejorarlo, solo de repetirlo. Las valoraciones ayudan a mejorar mientras se hace. Tenemos que valorar en el camino, no esperar solo a llegar a meta.

En la evaluación formativa es esencial la valoración relacionada con el *feedback*. Valorar de manera positiva el esfuerzo es importante para conseguir que la dopamina, neurotransmisor cerebral, vuelva a hacer interesante en el alumno esa actividad que está realizando y que, por tanto, quiera repetirla. La valoración del docente, así como la valoración entre iguales, debería tener estas características:

- Ser rápida.
- Estar enfocada hacia la conducta, no tanto hacia el resultado.

- Ser concreta.
- Ser afectuosa.

Como sabes, llega antes la emoción con la que hablas que el mensaje que dices. La evaluación posee un componente ético y también un gran componente emocional. Por ello, el docente y el compañero tienen que intentar valorar siempre desde la sinceridad, el cariño y la cercanía.

Conviene destacar que hay aspectos que favorecen muy poco el aprendizaje y que el docente siempre ha de tener en cuenta:

- Fijarse solo en los resultados.
- Decir al estudiante que tiene que cambiar, sin escuchar antes sus argumentos e ideas sobre su rendimiento y su situación personal.
- Dar soluciones enseguida.
- Dar siempre las respuestas.

Las observaciones genéricas que el docente escribe al margen de los trabajos o exámenes cuentan muy poco cuando llevan la calificación al lado, pues la nota hace que lo demás pierda relevancia. Además, el docente añade estas observaciones al examen o trabajo que ha corregido sin tener en cuenta las circunstancias en las que lo hizo el alumno. A veces puedes escribir al margen: «Has estudiado poco» o «Tienes que estudiar más», y resulta que el alumno había estudiado más de lo que muestra el resultado. Entonces esas observaciones desmotivan. Conviene hacer las observaciones con los estudiantes una vez se hayan intercambiado preguntas e ideas sobre el trabajo realizado, la planificación, el rendimiento, etc.

Ya hemos señalado que los estudiantes no aprenden solo para ser evaluados, sino que son evaluados para aprender. Por ello, en la entrega de exámenes, trabajos o notas, es conveniente que el docente tenga en cuenta este aspecto. En una actividad de investigación, una vez realizadas unas pruebas, se hicieron tres grupos de estudiantes para contrastar los resultados. A un grupo solo se le informó de la calificación que obtuvo en la prueba; al segundo grupo, se le dio la calificación y una observación, y al tercer grupo se le dieron observaciones de su trabajo sin calificación, para darles la nota una vez habían dialogado sobre las respuestas y corregido los errores.

En este trabajo, los docentes pudieron comprobar que:

- Saber la nota frena las ganas de aprender, favorece la comparación entre las calificaciones de los estudiantes y desmotiva para corregir errores.
- La nota vuelve invisible lo que el docente comenta en las observaciones, y el aprendizaje no es el adecuado. El grupo que dedicó más tiempo y esfuerzo a corregir, mejorar y aprender fue el grupo que no recibió la nota en un primer momento. De esta manera, el docente utilizó la evaluación para mejorar, no solo como trámite de información.

Además, en las pruebas del tercer grupo los docentes no indicaron a los estudiantes cuáles eran los errores, solo señalaron dónde podía haberlos. De este modo, entre los estudiantes tenían que identificar cuáles eran los errores y corregirlos antes de que volvieran a ser revisados y puestos en común con el docente para poder saber la nota correspondiente.

Esta corrección que hizo el tercer grupo, por tanto, tiene como objetivo prioritario saber cuáles son sus errores y corregirlos para poder aprender de ellos. La aportación de los compañeros y compañeras es muy valiosa, pues favorece que ambas partes aprendan y asimilen lo que tengan que corregir. No se trata de que el compañero tenga que calificar, sino de que entre ambos tienen que enseñarse y mejorar sus producciones. Esta acción de evaluación compartida posee un gran valor pedagógico. Una vez hecha, el docente comprueba y contrasta los resultados y mejoras de los estudiantes, y comparte con ellos sus apreciaciones y la calificación. Un punto importante a tener en cuenta es que no siempre tiene por qué haber calificación. Es conveniente hacer pruebas, trabajos y exámenes sin nota, con el objetivo de aprender y de poder mejorar. Quizás una nota al trimestre puede ser suficiente. Así se prioriza más el aprendizaje que la calificación, y la evaluación sirve todavía más para formar y aprender.

Otro aspecto que el docente tendría que evitar es dar las notas a través de la plataforma virtual, pues estará dando importancia al resultado y vuelve a pasar lo indicado con anterioridad.

En la evaluación formativa, en la entrega de notas, exámenes y trabajos el docente debería invertir tiempo en dialogar con sus alumnos de manera individual, preguntándoles por aspectos relacionados con las emociones que el área les provoca, su forma de aprender (metacognición), su adaptación al ritmo de la clase, lo que opina sobre la metodología, qué aspectos dificultan y favorecen su aprendizaje...

Cuanto más protagonismo tiene la nota, menos lo tiene el aprendizaje.

En la evaluación tenemos que dedicar tiempo a valorar los progresos y aprendizajes conseguidos por parte del estudiante. Felicitarlos por sus aciertos es algo que hemos de hacer siempre, dado que es una estrategia muy útil para potenciar la autoestima y favorecer esfuerzos posteriores.

Destacamos, a continuación, algunas acciones y estrategias concretas que debemos tener en cuenta al evaluar y que potencian la motivación y el aprendizaje del alumnado:

- Al dar *feedback*, cambiar los *peros* por *y*. El *pero* borra, mientras que el *y* suma.
- Que el docente ponga el foco en la conducta y el esfuerzo de los estudiantes, antes que en los resultados.
- Preguntar y escuchar más.
- Preguntar por las posibles soluciones antes que anticiparlas. Así, el estudiante es más protagonista de su aprendizaje.
- Favorecer un clima de confianza en el aula, donde el alumnado sepa que puede equivocarse.
- Hacer preguntas de síntesis y de concreción sobre las respuestas que dan los compañeros en clase.

Es mejor una buena pregunta que una buena respuesta, pues la primera mueve más conocimientos y es más motivadora.

El docente puede hacer preguntas por estos motivos:

- Regular errores.
- Comprobar lo que saben.
- Consolidar, repasar o relacionar aprendizajes.
- Centrar la atención.
- Fomentar la participación.
- Hacer pensar.
- Generar ideas.

Aspectos que no se pueden pasar por alto cuando se hacen preguntas son:

- Dar tiempo a que todos puedan elaborar su respuesta.
- Que los compañeros de clase reformulen respuestas.
- Elegir bien la pregunta.
- Hacer preguntas de síntesis.
- Responder con otra pregunta.
- Tener expectativas positivas cuando se pregunta. Muchas veces el docente pregunta esperando comprobar que el estudiante no va a saber la respuesta correcta.

Una buena estrategia para favorecer y potenciar el aprendizaje entre iguales es tener la norma en clase de que, para saber algo, o si se tiene alguna duda, hay que preguntar a dos compañeros antes que al profesor.

Entre los errores al preguntar se incluyen los siguientes:

- Preguntar como consecuencia de un mal comportamiento, pues la pregunta puede interpretarse como amenazante.
- Hacer varias preguntas juntas.
- Preguntar repetidamente a los mismos alumnos.
- Hacer las preguntas siempre de la misma manera.
- Preguntar esperando una única respuesta.
- Preguntar siempre para calificar.

Una de las características básicas de la evaluación formativa es que la producción del estudiante no es el objetivo, sino el medio para evaluar lo que ha conseguido. Es decir, más importante que lo que hacen es lo que aprenden mientras lo hacen y una vez hecho. El examen es una producción bastante común para el profesorado. En consecuencia, el examen también tiene su importancia en la evaluación formativa. Se ha de recordar en todo momento que el docente tiene que usar el examen como instrumento de aprendizaje, no para mostrar su poder. Así, no se tienen que usar:

- Como revancha por algún motivo.
- Como consecuencia negativa por algo.
- Como una sorpresa, puesto que no garantiza los mejores resultados, que son los que deben interesarnos.
- Con preguntas para «pillar».

Cualquiera de las circunstancias anteriores generan emociones de rechazo hacia el aprendizaje. Uno de los objetivos del docente es que sus estudiantes obtengan los mejores resultados y, sin duda, las formas descritas de usar un examen no contribuyen a ello,

Añadimos, a continuación, algunas ideas que pueden ayudar a potenciar la evaluación formativa y el aprendizaje:

- Que los estudiantes puedan decidir cuándo creen que están preparados para ponerse a prueba (hacer el examen) y que, cuando lo hayan hecho y quieran mejorar, lo puedan volver a hacer (cambiando las preguntas). Es una forma de que sean más protagonistas de su aprendizaje y de que regulen su progreso.
- Tener en cuenta que las notas motivan y desmotivan. No conviene poner malas calificaciones en el boletín del primer trimestre. A los estudiantes que no han llegado al mínimo no se les da la calificación, y en su lugar se entrega un informe.
- Iniciar las clases con sensaciones y resultados positivos, para mantener el interés por aprender en las distintas áreas de conocimiento. En eso se basa la estrategia que usan de manera acertada muchos docentes para comenzar sus exámenes, pruebas o ejercicios con preguntas más fáciles, que animan al estudiante y le producen una sensación de saber y de confianza para ir

desarrollando la prueba, para, después, ir incrementando el nivel de dificultad.

- Pensar bien cómo secuenciar los temas que se han de aprender. En el desarrollo de una unidad didáctica, proyecto o situación de aprendizaje, es aconsejable empezar por lo más simple y concreto. De este modo, nos acercamos más al objetivo de que todos puedan realizar las primeras actividades, y comenzar consiguiendo algún logro, el cual reforzará su interés para seguir aprendiendo. Como ya comentamos, en el tema de la motivación, si el interés es importante para el logro, el logro lo es más para el interés.

- Considerar la expresión *todavía* cuando se transmite una calificación poco satisfactoria, pues abre la posibilidad de que el estudiante pueda conseguirlo, lo cual le genera expectativas positivas y de logro en cuanto a su aprendizaje. El lenguaje tiene mucha influencia en lo que el cerebro interpreta, algo que es básico para el posterior rendimiento y motivación.

- Tener en cuenta la siguiente idea: muchas veces, un alumno hace una prueba o un trabajo que luego el docente califica. Si la calificación es negativa, porque el docente considera que aún no ha conseguido los objetivos, el estudiante tendrá que volver a estudiar y repetir alguna prueba similar, para que el docente compruebe que ya ha alcanzado los objetivos. Una vez comprobado, si el resultado es positivo, la calificación resultará de la media de ambas calificaciones, o bien el estudiante aprobará, pero con menos nota que si lo hubiese conseguido en el primer intento. La cuestión es: si ha conseguido los objetivos del área, ¿por qué hacer la media o calificar bajando la nota por el mero hecho de que tardó algo más de tiempo en conseguirlo? La calificación hace referencia al nivel de consecución de los objetivos, no al tiempo que se tarde en conseguirlos.

- Considerar que, sabiendo que una mala nota desmotiva, a lo mejor no hace falta hacer un examen a quien sabemos con seguridad que lo va a suspender. O tal vez deba hacerlo, pero sin tener que calificarlo, solo para comprobar lo que sabe, corregir errores, potenciar aciertos, orientando cómo mejorar y optimizar su aprendizaje, para que lo intente más adelante, cuando sus posibilidades de éxito sean mayores.

## Instrumentos de evaluación

Los docentes contamos con una amplia variedad de instrumentos de evaluación. Cualquier actividad que sirva para aportar datos del rendimiento del estudiante, de su desarrollo cognitivo, metacognitivo, madurativo o emocional, puede ser un instrumento de evaluación. Lo importante es que proporcione información rica y que genere debate y diálogo constructivo entre los propios estudiantes y el docente. Porque ese diálogo formativo y ese *feedback* son la base del aprendizaje y de la evaluación formativa. Es conveniente que las pruebas o exámenes tengan en cuenta evaluar al estudiante de tres modos distintos, que son:

- Escribiendo
- Hablando
- Dibujando: elaborando mapas conceptuales, infografías, mapas mentales...

Teniendo en cuenta estos tres aspectos en la evaluación, ofrecemos más posibilidades y oportunidades a los estudiantes que puedan presentar más dificultades en alguno de ellos.

Algunos instrumentos que potencian y favorecen la evaluación formativa en la forma de recogida de datos son el examen, el producto final, las exposiciones, la elaboración de un vídeo, los mapas conceptuales, etc.

En cuanto al análisis y la toma de decisiones, el instrumento estrella en este apartado es la rúbrica. Destacamos algunas ideas sobre ella. Hacer una rúbrica de calidad no es fácil. Una de sus columnas hace referencia a lo que es la planificación. En ella, el estudiante tiene que comprobar lo tiene que hacer para realizar bien la tarea propuesta o si está alcanzando la competencia que pretende conseguir. Las demás columnas dan la información al estudiante sobre el nivel de competencia que va consiguiendo, informándole con claridad sobre lo que tiene que hacer para pasar al siguiente nivel competencial. Al trabajar con competencias, conviene tener en cuenta que hay criterios importantes que tenemos que valorar, como son los que hacen referencia al nivel de autonomía: lo hace con ayuda, lo hace sin ayuda, sabe ayudar.

Además, el profesorado dispone de un amplio abanico de instrumentos de evaluación, como son dianas de aprendizaje, listas de cotejo, «pon un titular», técnicas de trabajo cooperativo, etc., que permiten completar una evaluación variada y completa. Otro instrumento muy valioso que sirve para recoger datos, analizar y tomar decisiones es el diario de aprendizaje.

Todos ellos son instrumentos que conviene conocer y aplicar, variando su uso y aprovechando su potencial formador y educativo.

Otro de los instrumentos de evaluación, como se ha visto, son las pruebas o exámenes en forma de test. Esta forma de evaluar se usa mucho en la universidad, y en la actualidad, con el aumento del uso de las pantallas, parece que los docentes en los centros educativos recurren a estas pruebas de manera más frecuente. A continuación, se desarrollan las ventajas e inconvenientes de estas pruebas.

# ¿Educas individualizando y evalúas comparando?

La evaluación forma parte de la educación. Siempre estamos evaluando.

Cuando hablamos de educación, los docentes no tenemos duda de que, cuanto más individualizada, mejor. Los estudiantes son distintos, y sus capacidades, competencias y ritmos de trabajo también lo son. Por ello, adaptar la enseñanza en las clases, en la medida de lo posible, a las características del estudiante es algo lógico y necesario, si pretendemos favorecer un mejor rendimiento individual. No consiste en comparar el rendimiento, las capacidades, las competencias y las destrezas de los estudiantes; se trata de conocerlas, para potenciarlas con las técnicas, estrategias, metodologías y recursos apropiados, según sus características individuales.

Los estudiantes, al no ser todos iguales, no necesitan todos lo mismo, por lo cual, más que igualdad, el docente en clase tiene que buscar la equidad. Hasta aquí estamos de acuerdo: para educar tenemos que potenciar la equidad. ¿Y para evaluar?

¿Es la igualdad lo que tiene que pretender la evaluación, o es equidad, como en el aprendizaje? Si en el aprendizaje no comparamos, ¿por qué en la evaluación lo hacemos?

Un estudiante que durante todo un trimestre trabaja, participa, colabora, ayuda, hace sus tareas, pregunta…, ¿puede obtener casi la misma calificación en el trimestre que el estudiante que hace todo lo contrario, pero que ha obtenido una calificación similar en el examen? Las veces que el primero demostró lo que sabía y sabe, ¿no son suficientes para que su evaluación y calificación sean distintas? Y, además, que se tengan en cuenta criterios diferentes, puesto que su trabajo no es ni mucho menos el mismo. ¿Lo justo es igualarles con una prueba o lo es diferenciarlos y valorarlos mucho más por lo que trabajan, se esfuerzan, estudian, participan y, además, saben? Pues siempre que hacen todo esto, estamos comprobando que saben.

Los docentes comparamos de manera directa o indirecta el rendimiento de los estudiantes al evaluar. Por eso nos cuesta tomar decisiones como: «no hagas el examen», «ya tienes la nota con tu trabajo durante el trimestre en clase...». Parece como si el docente tuviese que justificar la nota con una prueba que los iguale a todos, como si eso fuese lo justo. No calificamos solo un trabajo o examen, evaluamos todo un trimestre, que es mucho más importante.

Es fácil que un estudiante que sabe que la nota del examen es lo que cuenta, con diferencia, no trabaje igual durante el trimestre, porque sabe que lo que va a contar más es ese examen.

Todo un trimestre evaluado proporciona más información que una prueba. Reducimos demasiado la calificación al examen. Atribuimos excesiva importancia al examen o prueba, igualando mucho en una prueba puntual las grandes diferencias de esfuerzo y trabajo de muchos alumnos durante todo un trimestre o curso. Si ya disponemos de muchas evidencias de que un estudiante sabe lo que queremos que sepa, ¿para qué hacerle pasar un examen? El examen, la prueba, tendrá que hacerla el que todavía no ha demostrado que sabe.

El examen sigue condicionando, con todo, la mayoría de las veces. Muchos docentes se dedican a calificar más que a evaluar, para conseguir la seguridad que les da la nota de una prueba, sobre todo, ante posibles protestas. Es más cómodo calificar que evaluar, pero es evaluando como se consiguen aprendizajes de mayor y mejor calidad.

Mientras la nota gire en torno al examen, los estudiantes centrarán sus mayores esfuerzos en el examen, pasando por alto otras actividades, participaciones y acciones educativas que se les proponga a lo largo del trimestre. Seguirán memorizando para aprobar, no para aprender. Mientras la evaluación gire en torno a una nota, esta será lo que importe. Más que aprender, lo importante será aprobar. Desarrollamos este tema en la evaluación formativa.

¿Lo justo es examen para todos?

¿Igualdad para todos o equidad entre todos?

Educamos adaptando singularidades, ¿cuál es el motivo de que evaluemos y califiquemos igualando tantas diferencias en el rendimiento diario de los estudiantes?

La evaluación también evalúa al docente.

Está comprobado que una actividad que mejora mucho el trabajo del docente es su propia evaluación. A través de sus propios compañeros y del alumnado. Encuestas de evaluación y observación o entrevistas son actividades que potencian y favorecen mucho la actividad docente y la calidad del trabajo del profesorado. Que el docente elabore sus propios métodos de evaluación (formulario, cuestionario, etc.) y pueda mejorar a través del análisis de los resultados de estos es una actividad que favorece enormemente la calidad de la enseñanza y del aprendizaje. La evaluación también supone crecimiento para el docente.

Los docentes hemos de sacar más provecho a la coevaluación. Coevaluarse y autoevaluarse constituyen actividades que proporcionan una gran calidad de aprendizajes a los estudiantes. Asimismo, facilitan el trabajo docente, pues disminuyen el tiempo de corrección de exámenes. La coevaluación no es ponerse una nota, es dialogar sobre sobre errores y aciertos aprendiendo juntos, entre iguales, de las apreciaciones, ideas, propuestas, sugerencias de cada compañero de clase.

## Preguntas que favorecen el desarrollo y mejora del trabajo docente

- ¿Calificas o evalúas?
- ¿Preparas la clase para que te escuchen o para escuchar?
- ¿Transmites información o conocimiento?
- ¿Te centras en lo que enseñas o en lo que aprenden?
- ¿Valoras la respuesta o la argumentación?
- ¿Qué bien hace la actividad o qué consigue con la actividad?
- ¿Corriges resultados o mejoras estrategias?
- En tu clase, ¿qué importa más, aprobar o aprender?
- ¿Qué emociones provocan tus evaluaciones?
- ¿Usas la evaluación para mostrar tu poder o para mostrarles que pueden?

## ¿Exámenes o pruebas de tipo test?

Los exámenes en formato de test son una herramienta de evaluación que presenta más inconvenientes que ventajas. El objetivo de una herramienta de evaluación es proporcionar al docente una idea aproximada de cuál es el rendimiento y el nivel de conocimientos de sus estudiantes. Son muchos y variados los instrumentos de evaluación de los que dispone un docente, y las pruebas test no son de las mejores a la hora de evaluar de manera justa, por los motivos que ahora veremos.

Está comprobado que, en una prueba test, la evaluación por competencias es cero. Un estudiante no demuestra el más mínimo nivel de competencia cuando aprueba un examen con preguntas de tipo test. ¿Al docente le da igual que sus estudiantes tengan el más mínimo nivel de competencia en su asignatura? Supongo que no, de lo contrario, tendría que hacer alguna reflexión importante en torno a su práctica educativa.

Un objetivo prioritario de un buen docente siempre ha de ser que sus alumnos consigan los mejores resultados de los que sean capaces, exigiéndoles, además, un alto grado de esfuerzo y trabajo, que garantice, en la medida de lo posible, buenos resultados. Este objetivo no lo favorecen las preguntas de tipo test, pues, en la mayoría de estos exámenes, el docente lo que hace es intentar proponer preguntas trampa y respuestas para confundir al estudiante (no hacer dudar, que es otra cosa), dando la impresión de que se busca más el fallo que el acierto, pues una palabra, una entonación, un giro…, en definitiva, un simple despiste puede hacerte restar en vez de sumar. Porque, encima, si te equivocas, a menudo se te resta puntuación. ¿Existe alguna otra prueba en la cual el error te haga quitar valor, nota o puntos que ya hayas conseguido? Es bastante injusto que un fallo en una pregunta pueda eliminar el valor de otra pregunta bien contestada y que has mostrado saber. Siguiendo esta lógica, quizás, cuando nos equivocamos en nuestro trabajo docente, tendrían que quitarnos algo del sueldo que oficialmente nos corresponde.

Si leemos entre líneas, desde el punto de vista del estudiante significa lo siguiente: tiene más importancia para el docente el fallo que el acierto, pues un fallo consigue no validar algo que ya he conseguido con una respuesta correcta. Le importa mucho más lo que no sé que lo que sé. Parece que las preguntas buscan más el suspenso que el aprobado. Se supone que el docente es esa persona de la cual dispone el estudiante para ayudarlo a sacar lo mejor de sí, para motivarlo, para tenderle puentes en su formación, no obstáculos. Quizás esto se haga para contrarrestar el acierto debido a la casualidad, pero en todas las pruebas hay casualidades que tenemos que admitir. Véase la casualidad de que tengas que estudiar un número determinado de temas, te estudies solamente algunos y te pregunten justamente sobre los que estudiaste.

Si a todo esto le añades el factor tiempo, que muchos docentes añaden a sus exámenes, que dan un tiempo limitado para responder, y que condiciona el rendimiento, estas pruebas suelen mostrar de manera poco fiable lo que sabe el estudiante. Esta circunstancia genera más estrés del necesario para realizar una prueba, por lo que la capacidad de respuesta se ve mermada y el resultado es inferior al que podría haber sido. A ver si ahora va a resultar que es más inteligente, sabe más y merece más nota el que contesta en menos tiempo las preguntas del examen. Disponer de tiempo cuenta, y mucho, en la realización de un trabajo, dado que favorece el hecho de contrastar saberes, da seguridad a la hora de responder y favorece la tranquilidad del estudiante al realizar la prueba. Pregúntatelo tú mismo como docente, cuando la administración te exige entregar algo dentro de un plazo límite. ¿Nunca te ha pasado?

Los docentes tenemos que intentar que nuestra evaluación sea lo más justa posible, y un examen en forma de test, con las características mencionadas, no forma parte de esta evaluación.

Que alguna prueba sea en forma de test es aceptable, pero que todas las notas, calificaciones o evidencias de aprendizaje se obtengan usando esta manera de obtener información es un error.

Las pruebas de tipo test tienen, eso sí, una ventaja para el docente: no tiene que dedicar tiempo a corregir, la máquina hace su trabajo. La máquina califica, pero no evalúa.

La evaluación no ha de tener la igualdad como objetivo prioritario, porque no solo evaluamos a estudiantes, evaluamos a personas. Cuando evalúas a los estudiantes, puedes pretender la igualdad, pero cuando evalúas a personas, lo que importa es la equidad. Con una prueba de tipo test solo calificas y, si la nota se basa en esto, ni estás evaluando ni esa es la forma más justa de calificar.

# Capítulo 5

## Las pantallas

### ¿Escuela presencial en clases en línea?

Es prioritario que los docentes paremos y pensemos en lo que somos o tenemos que ser. Reflexionar de manera individual, primero, y después en equipo sobre cuál es nuestra esencia y retomarla con naturalidad.

Pasearse ahora por algunos colegios equivale a comprobar, clase tras clase, que las aulas son como esas empresas donde el espacio está ocupado por muchas personas, pero la mirada solo está pendiente de una pantalla; donde se transmite información, pero no conocimiento; donde las emociones y los sentimientos, esos que se transmiten con la mirada y que son la esencia de la persona, quedan casi relegadas a los recreos.

¿Escuela presencial en clases en línea? La esencia de la escuela es promover los debates, las interacciones entre iguales, las reflexiones compartidas, las miradas y los gestos. Nuestro cerebro es social, necesita vivir en sociedad, necesitamos de los demás para aprender, crecer, desarrollar nuestras habilidades sociales y educar nuestras emociones y sentimientos, y esto solo es posible mirándonos a los ojos y dialogando.

Es un error pensar que solo por estar frente a una pantalla se está aprendiendo. La mayoría de las veces, los estudiantes solo están moviendo información o saltando su atención de actividad en actividad. Aprender exige conectar los nuevos aprendizajes con los que ya poseemos para fijarlos en la memoria a largo plazo, lo cual requiere estrategias y técnicas que lo faciliten.

Marian Rojas Estapé, autora de libros como *Encuentra tu persona vitamina* (2021, Espasa), explica lo siguiente a propósito de las pantallas:

El cerebro asimila mejor las ideas cuando lee en papel, un libro es mejor que una pantalla.

Tener una pantalla delante, en clase, inhibe la comunicación. Es decir, hace que los estudiantes hablen menos entre ellos, expresen menos sus sentimientos y emociones, lo que supone que sean menos empáticos y tengan menos habilidades sociales. Tenemos que centrar más la atención en las personas. Lo bueno, lo interesante, lo esencial pasa en la vida real, no en las pantallas. Es en la vida real donde tenemos que poner la mayor parte del tiempo nuestro foco de atención.

Debido al gran uso de las pantallas, los estudiantes trabajan menos la memoria a largo plazo, que es donde tenemos almacenado lo que hemos aprendido, es decir, la base de nuestro aprendizaje. La memoria del ordenador es ahora donde recurren para consultar, lo cual debilita la capacidad de aprendizaje. Explica Marian Rojas que ahora somos menos inteligentes que hace tiempo, que ahora desarrollamos menos capacidades como la memoria, la atención, porque usamos aplicaciones informáticas que las sustituyen. Esto implica que, cuando utilizas menos las capacidades de tu cerebro, dichas capacidades disminuyen de manera considerable, pues necesitan ser ejercitadas para que se potencien y mejoren.

## ¿Capturas las pantallas o estás capturado por las pantallas?

Puedes hacer capturas de las pantallas, pero ten cuidado con que no lo hagan las pantallas contigo. O quizás ya lo han hecho y todavía no te has dado cuenta.

Las pantallas pueden ser un medio útil para enseñar y aprender si sabemos emplearlas en su justa medida. Hay clases que solo tienen conexión a internet. Y, cuando no hay internet, algunos docentes parece que no saben cómo proseguir la clase. Grandes docentes han pasado a ser simples usuarios de internet, de transmisores de conocimiento han pasado a ser meros portadores de información, preocupados más por las aplicaciones que por las explicaciones y las preguntas. Las pantallas no pueden sustituir la interacción de la mirada, los gestos, las explicaciones y preguntas del docente y del alumnado. La educación es conexión, pero no a internet. La conexión está en la mirada, en la empatía, en las palabras, en el cuerpo, en las emociones, en escuchar, en abrazar, en sonreír, en querer...

Menos pantallazos y más abrazos.

Hagamos que nuestros estudiantes recuperen no solo contenidos, sino también valores, autoestima, sensibilidad, compromiso y comunicación. ¿O es que no notas que ahora son menos comunicativos, cuando estamos hechos para comunicarnos? ¿Quién tiene que enseñar esto? Desde luego, Google ni se lo plantea. Menos *intro* y más entre e intra.

# La conexión está entre las personas

Las pantallas provocan que los usuarios estén comparándose de manera constante con quienes aparecen en ellas y, en ocasiones, ni se dan cuenta de que se comparan. Esto produce frustración y ansiedad, ya que en las pantallas suele salir la mejor cara de los demás: guapos, con buen físico, con dinero, viajes a lugares estupendos, a la última moda, etc. Esto hace que el joven usuario esté en mayor o menor grado descontento con lo que tiene, acomplejado por no alcanzar tanto como los demás publican, y aprende a valorar más el tener que el ser, con lo que eso significa.

Las pantallas ofrecen respuestas inmediatas, estimulan con rapidez, luz, sonido y movimiento, y eso engancha al usuario. La pantalla entretiene, pero enseña poco. Las respuestas automáticas de las pantallas favorecen en los estudiantes y jóvenes la sensación de gratificación instantánea, y a partir de ahí luego necesitan respuestas inmediatas para todo. Además, ellos responden a las preguntas de la misma manera. Está comprobado que usar las pantallas muchas horas al día puede causar problemas de adicción, atención e hiperactividad. Las pantallas generan respuestas a gran velocidad y provocan recompensas inmediatas en los usuarios, lo cual hace que estos tengan menos paciencia, sean más exigentes. Por ese motivo, es frecuente que su espacio interior, que es donde la persona crece en valores, esté menos desarrollado. Por ello, le resulta más difícil parar y reflexionar, cuando sabemos que una de las claves del bienestar es pararse, conocerse y disfrutar de uno mismo como persona. Es crucial tener en cuenta que ser paciente es muy importante en la vida. Con paciencia y sabiendo esperar es como se consigue y favorece la amistad, el aprendizaje, el buen trabajo, una conversación, la capacidad para escuchar... Saber esperar también potencia la voluntad y el control de uno mismo.

Las pantallas son capaces de sustituir la sociabilidad, que tanto bien genera en las personas, por el aislamiento: muchos jóvenes de hoy prefieren quedarse en su habitación con una pantalla que interactuar con sus compañeros o amigos. Hablan más con Siri o Alexa que con sus compañeros.

Un error importante que estamos cometiendo como sociedad es tratar de evitar el aburrimiento. Es necesario saber que, cuando te aburres, tu creatividad se estimula. Ahora, para que los niños se entretengan, enseguida se les da un móvil, una tableta, etc. No se aburren, pero su creatividad y su interioridad no se potencian, pues están de manera constante atendiendo a estímulos virtuales.

Es frecuente ver cómo muchas madres y padres, que van de compras o están comiendo en un restaurante, llevan a los chicos entretenidos con una pantalla. Un error mayúsculo. No se dan cuenta de que la interacción de los niños con el entorno, en las conversaciones que surgen, en las circunstancias que los rodean, los hace crecer y madurar más como personas que dedicar horas a mirar una pantalla. Que los pequeños interactúen en todas esas situaciones cotidianas con los mayores les va a facilitar y reforzar aspectos centrales de su desarrollo personal y madurativo, como las habilidades sociales, las relaciones personales y la gestión de las emociones. ¿Qué es mejor, que manejen pantallas o situaciones?

Esto no va de tecnología, va de educar. No dejes que la tecnología ocupe el papel que te corresponde a ti.

## Posibles ideas y propuestas

Comenzamos con una idea que surge de la práctica docente. Estudiar las distintas posibles reacciones de los estudiantes a diferentes propuestas del docente enseña mucho y mejora en gran medida la práctica educativa. Para trabajar la cuestión de las pantallas, una profesora aplicó dos estrategias distintas en dos de sus clases. Su objetivo era que los alumnos usaran menos el móvil, tanto en el colegio como, en general, en sus casas.

En la primera clase, llegó y comenzó a hablar y a explicar a sus estudiantes las desventajas asociadas al uso continuo de las pantallas y el móvil. Argumentó toda una serie de razonamientos y, seguidamente, les preguntó su opinión al respecto. La participación en el debate abierto fue poca, los estudiantes no parecían estar demasiado interesados en opinar. Entonces fue la propia profesora la que propuso una solución. En vista de los serios inconvenientes que había enumerado, prohibir el uso del móvil estaba justificado. Los estudiantes, aunque no le quitaron la razón a su profesora, no se quedaron muy convencidos.

En la segunda clase, la profesora cambió su estrategia. No llegó con argumentos, llegó con preguntas y buscó argumentos de sus alumnos. Para ello, comenzó diciéndoles algo así como:

Tengo un problema, a ver si podéis ayudarme. Mi sobrino lleva mucho tiempo sin salir de casa, en su tiempo de ocio. Está horas y horas en su habitación, pegado tanto al móvil como al ordenador. Se relaciona poco con sus amigos y compañeros de clase, e incluso en las comidas usa cualquier pantalla. Su madre está preocupada, nerviosa, triste, incómoda con la situación, pues no tienen casi comunicación, están muy distantes, y además le preocupa que no salga con amigos. Por eso, me ha pedido opinión al respecto y necesita que la ayude. Y la verdad, no sé muy bien qué decirle. Os pregunto porque sé que tenéis muchas ideas y, así, juntos, podemos ayudarlo. Si os parece, comentamos ideas, las debatimos y se las digo a su madre.

La participación en esta clase fue total. Todos tenían algo que decir desde su experiencia. Hubo aportaciones diversas e interesantes, y muchas de ellas con la intención evidente de ayudar al sobrino de la profesora a modificar el uso de las pantallas. La profesora retomó la conversación en otra clase, intentando que los estudiantes aplicasen lo que ellos mismos habían aportado.

La diferencia entre una estrategia y otra es evidente. En la primera clase, la profesora llegó como experta y con sus propios argumentos, dando respuestas a preguntas más que preguntando e imponiendo más que contrastando. En la segunda, llegó desde las preguntas, haciendo participar a sus estudiantes, dando importancia a sus opiniones, animándolos a reflexionar sobre su propia realidad casi sin que se dieran cuenta de ello. Los estudiantes, cuando ella les preguntó, querían hacer más aportaciones que cuando la maestra había dado las respuestas argumentadas. Aceptaron ideas, consejos y normas que ellos mismos habían considerado como válidas para otra persona.

Como conclusiones para la práctica educativa, en esta segunda clase un acierto importante de la profesora fue plantear el tema desde un punto de vista de un tercero. Si, en vez de simular que el problema lo tenía un chico que no conocían, les hubiera dicho que el problema era de ellos y que aportasen soluciones o ideas, no habrían participado tanto. Quizás ni siquiera hubieran visto el problema. Por lo tanto, plantearlo así, como si el problema fuese de un tercero, estimula la participación, al tiempo que facilita la visión del problema, las propuestas y la toma de decisiones.

Además, habló a sus estudiantes de algo muy importante y que enseguida hace conectar al cerebro a nivel de empatía. Les habló de emociones. Les describió las emociones que tenía la madre, lo que provocó un mayor interés entre los estudiantes y fomentó aún más la participación en clase. Ya sabemos que las emociones estimulan el aprendizaje y hablar de ellas favorece una mejor comprensión de los comportamientos y acciones de los demás. Por consiguiente, conviene tenerlas en cuenta tanto como se pueda. Cuando tengamos que consensuar límites, normas o consecuencias, hablar y compartir emociones asociadas ayuda a comprender, a ser más empáticos, de manera que se facilita el consenso. Un buen argumento para comprender es explicar las sensaciones que producen las acciones.

Preguntar, pedir opinión, aprender juntos, en temas de este estilo, aporta mejores resultados que argumentar desde una posición de experta. Las preguntas hacen pensar, potencian la importancia de las propias respuestas. Si me preguntas, es porque mi opinión te importa y, entonces, yo te importo. Cuando notas que importas, participas, colaboras, aportas mucho más.

Las normas siempre son mejores si son acordadas. Debatir una norma, viendo posibles consecuencias de un comportamiento poco adecuado y llegar a conclusiones da mejores resultados que imponerla. Los límites y las normas facilitan la convivencia, es importante que todos tengan en cuenta los intereses de ambas partes. De ahí la importancia de la negociación. Con todo, también es necesario saber y tener en cuenta que puede haber determinados límites, normas y consecuencias que son innegociables.

Primero, tenemos que educar desde el diálogo y el entendimiento. Intentar hacer comprender, más que imponer.

Con el tema de las pantallas es fundamental, desde el principio, consensuar un tiempo para usarlas. Un tiempo que tiene que respetarse y cumplirse siempre. En este acuerdo, hay que argumentar ideas que hagan lógica esta limitación. Una vez marcado y consensuado el límite de tiempo de uso de las pantallas, el uso que se haga de estas siempre se deberá ajustar a lo pactado. Negociar sí, pero, una vez pactadas las conclusiones, estas son ya innegociables.

Es evidente que, cuando los jóvenes tienen el móvil en la comida, comen mejor. Pero si comenzamos, cuando son pequeños, a darles el móvil mientras comen, empezarán viendo dibujos, lo cual hará que se habitúen a comer viendo pantallas. Más tarde, comerán viendo series, etc. La pantalla enseguida engancha: la luz, el sonido, el movimiento constante y la gran cantidad de contenido que genera son un estímulo que atrapa y del cual después cuesta desprenderse. Por ello, enseguida asocian la comida a estar con una pantalla, y esta asociación es difícil de romper. En estas pantallas que no conviene usar a la hora de la comida se incluye la televisión. Las comidas son esenciales para crear vínculo y potenciar lazos, al compartir experiencias, reflexiones e ideas. En las comidas hemos de aprovechar para escuchar, preguntar, contar...

Algunas sugerencias para tener en cuenta en las comidas son:

- Cuando queremos que se distraigan porque comen regular, antes que una pantalla se han de usar distintos recursos. Usar una pantalla es más cómodo para los mayores, pero luego es un problema para todos. Que no asocien comida a pantalla. Usar recursos como leer un cuento exagerando los gestos y sonidos y que tenga dibujos interesantes para preguntar sobre ellos, algún juguete que tenga luz, sonido y movimiento, juegos sencillos que estimulen la atención, contar anécdotas, hablar del día a día, preguntar... son mejores opciones.
- No ha de haber ningún móvil sobre la mesa. Al poner un móvil encima de la mesa, sin darnos cuenta le estamos regalando un protagonismo que no ha de tener. Es como decir: «Lo dejo aquí y, si suena, será lo primero». Con un móvil en la mesa, la sensación que perciben los demás es que, si alguien llama o escribe, te importa tanto como lo que puedan decir ellos, o incluso más. Y, si ya de por sí es un error poner el móvil en la mesa por si

suena, lo es todavía mayor cogerlo sin que suene. Una vez que una persona coge el móvil, está poniendo ante los demás una barrera que dificulta la comunicación. Además, lo normal es que, si alguien coge el móvil, los demás hagan lo mismo.

- Conseguir que, en el momento de las comidas, el móvil, las tabletas o la televisión no distraigan la atención o interrumpan las conversaciones es ganar mucho: se potencia y favorece el conocimiento interpersonal, la confianza, la fluidez de ideas, la comprensión y, en definitiva, el aprendizaje y la formación en valores. En la mesa no solo aprovecha la comida, aprovecha la compañía. Al comer, estamos dando al cerebro y al estómago, que hoy sabemos que están conectados, sensaciones y estímulos placenteros, lo cual va a favorecer estar más receptivo, porque la sensación de bienestar fomenta la receptividad y el aprendizaje.
- Es también fundamental cuidar mucho la conversación durante la comida. Para fortalecer el vínculo y la confianza, se ha de procurar no sacar temas que pueden generar enfado. Temas en los que puedas opinar de distinta manera, sí, pero que hagan enfadar, no. Hay cientos de anécdotas, historias, ideas y aventuras que contar. La comida tiene que ser un momento que se asocie a sensaciones, emociones y estímulos positivos.
- Puede que, al principio, cueste mantener conversaciones si se está poco habituado a hacerlo. Debemos tener en cuenta que no hace falta tener la mejor conversación del mundo, lo interesante es hablar, preguntarse, conocerse. Los mayores tenemos mucho que contar, la vida es una experiencia y enseña mucho contarla. Los mayores son los que tenemos que empezar a contar anécdotas, experiencias de trabajo, ideas, opiniones sobre temas diversos... Los jóvenes comenzarán siendo más reservados, pero, en la medida en que vean que los adultos hablan, ellos comenzarán a ser protagonistas de las conversaciones. Y,

aunque parezca que no, lo que escuchan les interesa y, además, aprenden. A veces, para iniciar conversaciones, preguntamos y preguntamos, lo cual agobia a los jóvenes y puede desembocar en que se muestren reacios a hablar. Por eso, es mejor que los mayores tomen la iniciativa y vayan preguntando de vez en cuando, haciendo que el diálogo en las comidas se vaya convirtiendo en algo habitual.

- En las comidas, los protagonistas son las personas, no las pantallas. Es un acierto aprovechar las comidas para conocerse mejor.

Es un tremendo error ir de compras, salir a pasear... y, a las primeras de cambio, dar a los niños el móvil para que se distraigan, para que no molesten. En las conversaciones con los demás aprenden mucho más de lo que parece: ideas, turno de la palabra, expresiones, ritmo de conversación, entonación... Ir de compras siempre es un buen momento para hablar sobre gustos, pedir opiniones, hablar de los precios, colores, tonos... Hacerlos partícipes, escuchando y dando opiniones, desarrolla sus capacidades, facilita la toma de decisiones, potencia su opinión y asociación de ideas... Tenerlos en cuenta favorece su desarrollo psicosocial y muchos aspectos de su personalidad.

Permitir que se aburran y sepan aburrirse sin ponerse nerviosos es educativo. Como decíamos, el aburrimiento favorece la creatividad y la iniciativa, y pone en orden muchas ideas.

En todo este tema de las pantallas, las neuronas espejo desempeñan un papel clave. Ver a los mayores usar pantallas está reforzando más de lo que parece que ellos las usen.

A continuación, tienes algunas sugerencias con respecto a este tema de las pantallas:

- Semana sin pantallas.
- Estimular los debates sobre tecnología y distintos temas.
- Favorecer trabajos y apuntes manuales.
- Impulsar las interacciones entre iguales que potencien el aprendizaje, como el trabajo cooperativo.

Con imaginación y trabajo en equipo, puedes ir proponiendo nuevas actividades e iniciativas que favorecerán un giro importante en la cuestión de las pantallas.

# Nuestras fuentes de conocimiento principales: bibliografía

Bueno y Torrens, David (2022). *El cerebro del adolescente*. Grijalbo

Castellanos, Nazaret (2022). *Neurociencia del cuerpo*. Kairós.

Cazurro, Beatriz (2023). *Los niños que fuimos, los padres que somos*. Planeta.

De la Torre, Pilar (2018). *Fundamentos y práctica de la comunicación no violenta*. Arpa Práctica.

Dehaene, Estanislas (2023). *Entrevista aprendemos juntos*. BBVA.

Del Rosario, David (2019). *El libro que tu cerebro no quiere leer*. Urano.

Morales, Mariana y Fernández, Juan (2022). *La evaluación formativa*. SM.

Rojas Estapé, Marian (2021). *Encuentra tu persona vitamina*. Espasa.

Ruiz Marín, Héctor (2020). *Aprendiendo a aprender*. Vergara.

San Martí Puig, Neus (2020). *Evaluar y aprender: un único proceso*. Octaedro.

Y la amplia cantidad y variedad de recursos audiovisuales de estos autores en internet: vídeos, *podcasts*, entrevistas, etc.

Y nuestra experiencia profesional junto a nuestro alumnado y compañeros y compañeras docentes.

# Índice

A modo de introducción  9

Prólogo: La complejidad de la profesión de enseñar  11

Capítulo 1. Cualidades del cerebro y aplicaciones
en la educación  17
 ¿Conoces tu cerebro?  17
 El lenguaje interior  23
 Facultades propias del cerebro  25
 ¿Qué neurotransmisores activas?  35
 El error desde un punto de vista neurocientífico  37

Capítulo 2. La comunicación que conecta: ¿cómo
influye tu lenguaje en la educación?  41
 Habilidades de la comunicación  42
 Las preguntas en educación  45
  Algunas ideas para preguntar en una conversación  45
  Errores en el control de conocimientos o al preguntar  50
 Obstáculos y puentes en la comunicación  55
  Obstáculos  55
  Puentes  56
 Resolución de conflictos  65

Capítulo 3. Emociones, motivación y aprendizaje            71

  Emoción            71

    El vínculo: la conexión emocional del aprendizaje            75

  Motivación. ¿Motivados para qué?            77

    Factores principales que influyen en la motivación            79

      Interés            79

      Estimación            81

      Sentirse capaz            83

      Interpretación            83

  Aprendizaje            87

    ¿Qué es aprender?            87

    Propuestas para el docente            88

    Estrategias y técnicas que conviene enseñar a
los estudiantes            89

    Memoria y atención            90

      ¿Memorizar es aprender?            90

    Pautas que favorecen la actividad de la
memoria de trabajo            92

    La atención, o priorizar estímulos            93

      Ideas para favorecer y potenciar la atención            93

Capítulo 4. La evaluación            97

  La evaluación es parte del aprendizaje            97

  Aspectos que conviene tener en cuenta sobre
la evaluación            99

  Evaluación formativa            100

  Acciones básicas que tiene que considerar la evaluación            106

    Aspectos de la evaluación formativa que
favorecen la regulación del estudiante            109

  Instrumentos de evaluación            121

  ¿Educas individualizando y evalúas comparando?            123

Preguntas que favorecen el desarrollo y mejora
del trabajo docente                                    126
¿Exámenes o pruebas de tipo test?                      126

Capítulo 5. Las pantallas                              129
¿Escuela presencial en clases en línea?                129
¿Capturas las pantallas o estás capturado por
las pantallas?                                         131
La conexión está entre las personas                    132
Posibles ideas y propuestas                            133

Nuestras fuentes de conocimiento principales: bibliografía   141